書下ろし

1日1分レッスン!
新TOEIC® TEST
英単語、これだけ 完結編

中村澄子

祥伝社黄金文庫

はじめに

　『1日1分レッスン！ TOEIC Test 英単語、これだけ』を2006年9月に発売させていただきました。TOEIC によく出る単語だけを集め、パートごとに並べたものですが、好評で既に6万部以上を販売しております。また、同シリーズ2冊目になる『1日1分レッスン！新 TOEIC Test 英単語、これだけ　セカンド・ステージ』を2008年12月に発売、本書はその3冊目になります。TOEIC に必要な単語だけを集めたということもあり、それぞれの本の収録単語数が330前後と多くなく、過去2冊をあわせても660単語です。本書をあわせるとおよそ1000単語ということになり、TOEIC に必要な単語をほぼ網羅できたのではないかと思っています。

　頻出単語であっても、過去に発売した1冊目、2冊目に掲載の単語は本書には掲載しておりません。本書には1冊目、2冊目に掲載できていないけれど大事な単語を掲載しました。また、時間の推移とともに TOEIC に出題される単語も若干変化をみせています。テスト自体がよりビジネス関連の内容にシフトしているせいもあり、実際に仕事で使える単語も増えているので、そのような新しい傾向に沿った単語も本書には新たに多く掲載しました。

　「TOEIC に出題される単語」という場合、二通りの意味があります。一つはテスト全体に出てくる単語のことで、もう一つはパート5で「語彙問題」として出題される単語のことです。前者であれば公式問題集4冊に出てくる単語をマスタ

ーしたり、TOEIC専用の単語本で学習すればある程度カバーできますが、後者になるとそうはいきません。

後者は860点以上、あるいは900点以上を取る場合に最後におさえなければならないパート5に出るビジネス関連の単語のことです。最近ではビジネス関連の多少フォーマルな単語が「語彙問題」として出題されるようになっています。高度とはいえ、仕事で英語を使っている人にはよく目にする単語ばかりです。

現在500点前後で、単語力の弱い方は、最初はTOEICに特化した単語本で必要最低限の単語を覚え、その後は公式問題集を解きながら出てくる単語を地道に覚えていく、という作業が必要になります。一方、860点以上とか900点以上のように高得点を狙う人が最後におさえなければならないのが、パート5で初めて出るビジネス関連の語彙です。そのような語彙問題で正答するには日頃からビジネス関連の英文を読むしかありません。

興味深いことに、過去にパート5で出題された語彙で作成した多少難しい語彙を扱った問題を私の主宰する教室で解いてもらい、正答できた数少ない参加者に「なぜその単語を知っていたのですか？」と聞くと、「会社で契約書を作る仕事をしている」と答える人が圧倒的に多いです。

次に多いのがインターネット版の「ファイナンシャルタイムズを読んでいる」と答える人です。この傾向はクラスが違っても毎回同じです。高得点を狙う方で仕事で英語を読む機会がほとんどない人に、私はインターネット無料版の「ファイナンシャルタイムズ」を読むことを勧めていますが、これ

は「ウォールストリートジャーナル」であっても「ビジネスウィーク」や「エコノミスト」であっても大丈夫です。

　点数に応じて、その時々に学ばなければならない単語に違いがあるので、ご自分の英語力や単語力と相談しながらあった方法でということになりますが、ある点数に達したら、ビジネス関連の英文を読みながら単語や表現を覚えるという方法に移行してほしいと思います。
　一つの単語には様々な意味や使い方があり、使われ方のニュアンスも違います。企業がグローバルにビジネスを展開しなければならなくなった昨今、いつ自分がそういう世界に入っていかなければならなくなるかもしれません。
　ある程度の点数を取ったら、同じTOEICの勉強をするにしても、仕事でも使える単語や表現をマスターした方が得策だと思います。TOEICは数年前に比べるとビジネスマンが実際に使える表現が満載のいいテストにはなっていますが、際限なく高いTOEICの点数を追うよりむしろ、仕事でより使える英語の学習にシフトすることをお勧めします。

　最近のTOEICの変化を反映して、本書には仕事で使える単語も多く掲載しています。過去の同シリーズと同じく音声もつけています。音声は有料で「オトバンク」と「アップルストア」からダウンロードできます。それぞれの会社のポリシーの違いから、料金に差がありますのでご注意ください。
　本書が過去の同シリーズ同様、皆さまのお役にたてるものと信じております。

2011年2月　中村澄子

Contents

はじめに・・・・・・・・・・・・・・・・・・・・・・・・・・003

この本の使い方・・・・・・・・・・・・・・・・・・・・・008

1章　パート1によく出る単語・熟語・・・・・・・009

受験生コラム　押し寄せる英語公用語化の波!・・055

2章　パート2・3によく出る単語・熟語・・・・057

受験生コラム　1年で380点UPしたOさんの奮闘記①・123

3章　パート4によく出る単語・熟語・・・・・・・125

受験生コラム　1年で380点UPしたOさんの奮闘記②・179

1日1分レッスン！ TOEIC® TEST英単語、これだけ 完結編

4章　パート5・6によく出る単語・熟語 ・・・・・181

受験生コラム　就活で勉強を始めたSさんのメール・269

5章　パート7によく出る単語・熟語 ・・・・・・・271

受験生コラム　教室生Mさんのつぶやき ・・・・・・・・365

あとがき　オフィスS&Yの今 ・・・・・・・・・・・・367

索引 ・・・・・・・・・・・・・・・・・・・・・・・・・・・369

音声版ダウンロードについて ・・・・・・・・・・・・378

編集協力：霜村和久　日本アートグラファー　本文デザイン：内藤裕之

この本の使い方

●奇数ページ
TOEIC頻出単語をクイズ形式で紹介しています。もっとも適切な日本語訳を、3択から選んでください。パート別、よく出る順です。
チェック欄を使って、覚えた単語や何度も間違えてしまう単語を確認しましょう。

●偶数ページ
【解説】……類書に比べ、圧倒的に詳しく読み応えがあります。出題パターンや間違えやすいトリックを説明しています。
【派】……TOEICによく出る派生語を紹介しています。
【類】……TOEICによく出る類語を紹介しています。
【例文】……頻出単語を使った英文です。出題傾向を反映した英文なので、これを押さえるだけでも点数が大幅アップ。
【参考】……正解以外の選択肢の英単語を紹介しています。

●コラム
TOEICテストの情報が入った受験生の勉強法などを紹介しています。読むだけでやる気がわいてくる話が満載です。

●索引
巻末についています。チェック欄付きなので、試験直前の総整理などに便利です。

●ダウンロード・サービス
本書の重要単語と例文を、ネイティブスピーカーが録音しました。これで、リスニング対策も万全です。ダウンロードの方法など、詳しくは本書378ページをご覧ください。

1章

パート1によく出る単語・熟語

【パート1】

リスニングセクション、パート1の「写真描写問題」によく出る単語・熟語を集めました。

パート1は、日常生活でよく使われる簡単な単語が多いのが、特徴です。

第1問

< greet >

この単語の、もっとも適切な日本語を選びなさい。

(1) 挨拶する

(2) 現れる

(3) 出発する

第2問

< reach into >

この熟語の、もっとも適切な日本語を選びなさい。

(1) 折り返し電話をする

(2) 引き継ぐ

(3) (〜を取ろうと)手を伸ばす

第1問の答え　（1）挨拶する

< greet >

[gríːt]【動詞】挨拶する、歓迎する

【解説】パート(1)の「写真描写問題」で使われる単語です。2人の人が握手をしながら向き合っている写真で使われる場合が多いです。「グリーティングカード」のように半ば日本語として使われています。They are greeting each other. のような英文で使われます。
【派生語】greeting（名）「挨拶、挨拶状」、greeting card（名）「挨拶状」
【例文】The businessman is greeting a new potential client.
訳：そのビジネスマンは新規の見込み客に挨拶をしています。
【参考】(2) emerge　(3) depart

第2問の答え（3）（〜を取ろうと）手を伸ばす

< reach into >

【熟語／慣用表現】（〜を取ろうと）手を伸ばす

【解説】パート(1)の「写真描写問題」で使われます。引き出しの中の何かを取ろうと手を伸ばしている写真などで使われます。reach into という表現を知らなくても、reach は知っているはずなので、意味は推測できるでしょう。
【類語】reach down「下に手を伸ばす」、reach for「〜を取ろうとする」
【例文】He reached into the drawer to take out some documents.
訳：彼は引き出しの中に手を伸ばして、書類を取り出しました。
【参考】(1) return a call　(2) take over

第 3 問

< cast >

この単語の、もっとも適切な日本語を選びなさい。

(1) (影を)投げかける

(2) 更新する

(3) 同封する

第 4 問

< operate >

この単語の、もっとも適切な日本語を選びなさい。

(1) 占有する

(2) 捜し出す

(3) 操作する

第3問の答え　(1)(影を)投げかける

< cast >

[kǽst]【動詞】(影を)投げかける、投げる、投じる

【解説】パート(1)の「写真描写問題」で使われます。人が道路に立っていて、その人の影が長くのびているような写真で使われることが多いです。意外に知らない人が多い動詞です。

【類語】throw (a shadow)「(影を) 落とす」、make (a shadow)「(影を) 落とす」

【例文】A shadow of the tree was cast on to the surface of the lake.
訳：その木の影が湖面に映っていました。

【参考】(2) renew　(3) enclose

第4問の答え　(3)操作する

< operate >

[ápərèit]【動詞】操作する、作動する、手術をする、経営する

【解説】パート(1)の「写真描写問題」で使われます。機器や重機などを操作しているような写真で使われます。operate は「操作する」以外にも「作動する、手術をする、経営する」など、さまざまな意味があります。

【派生語】operation (名)「操作」、operator (名)「操作者」、operational (形)「操作の、操作可能な」

【類語】handle「操作する、操縦する」、run「操作する」、control「制御する」、manipulate「操作する、操る」

【例文】The man operated the crane to lift heavy steel.
訳：その男性はクレーンを操作して、重い鉄を持ち上げました。

【参考】(1) occupy　(2) locate

第 5 問

< face >

この単語の、もっとも適切な日本語を選びなさい。

(1) 直面する

(2) 見なす

(3) 観察する

第 6 問

< next to >

この熟語の、もっとも適切な日本語を選びなさい。

(1) ～の隣りに

(2) ～に似て

(3) ～に追加された

第5問の答え　(1) 直面する

< face >

[féis]【動詞】直面する、面している、〜の方を向く

【解説】動詞の face はリスニング、リーディング両セクションで時々使われます。パート(1)の「写真描写問題」で使われる場合は「〜の方を向く」という意味で使われることが大半です。「問題に直面する」「困難に直面する」「インフレの危機に直面する」などのような文脈でビジネス関連の英文でもよく使われます。

【類語】confront「(問題に) 直面する」、encounter「(困難に) 直面する」

【例文】The criminal may face up to 10 years in prison.
訳：犯人は最高 10 年の禁固刑に処せられるかもしれません。

【参考】(2) regard　(3) observe

第6問の答え　(1) 〜の隣りに

< next to >

【熟語／慣用表現】〜の隣りに

【解説】パート(1)の「写真描写問題」で、物や人の位置関係を問う問題が出ることがあり、そのような問題で使われることがある表現です。「〜の隣りに」と言う場合には、必ず前置詞の to を付けなければなりません。

【類語】adjacent to「〜の隣りに」、nearby「隣接した」、neighboring「隣接した」

【例文】The supermarket is located next to the train station.
訳：そのスーパーマーケットは駅の隣りにあります。

【参考】(2) similar to　(3) added to

第7問

< ascend >

この単語の、もっとも適切な日本語を選びなさい。

(1) 登る

(2) 捨てる

(3) 避難する

第8問

< pier >

この単語の、もっとも適切な日本語を選びなさい。

(1) 海岸

(2) 桟橋

(3) 埠頭

第7問の答え　　(1) 登る

< ascend >

[əsénd]【動詞】登る、上がる

【解説】パート(1)の「写真描写問題」で、エスカレーターで人が上の階に上がっている写真が出て、正解に going up to という表現が使われていたことが多かったのですが、パート(1)で使われる単語や表現も最近は多少単語が難しめになっていて、going up to の代わりに ascending が使われたりもします。
【派生語】ascending（形）「上昇する」
【類語】arise「起き上がる、発生する」、rise「上がる、昇る」、soar「高く昇る」
【例文】She ascended the stairs to find that the museum was closed today.
訳：彼女は階段を登って行ったところ、博物館が今日は休みだと知りました。
【参考】(2) abandon　(3) evacuate

第8問の答え　　(2) 桟橋

< pier >

[píər]【名詞】桟橋

【解説】パート(1)の「写真描写問題」で使われます。桟橋に船が横付けされている写真や、桟橋近くの風景を描写した写真などで使われます。風景の写真では真ん中に写っている物が必ずしも正解ではありません。背景に桟橋が写っている場合もあるので気を付けましょう。
【類語】wharf「埠頭、波止場」
【例文】The fishing boat was moored next to the pier.
訳：その釣り船は桟橋の隣に係留されていました。
【参考】(1) shore　(3) wharf

第 9 問

< place >

この単語の、もっとも適切な日本語を選びなさい。

(1) 掘る

(2) 置く

(3) 荷物を積む

第 10 問

< parallel to >

この熟語の、もっとも適切な日本語を選びなさい。

(1) ～に近い

(2) ～の向かい側の

(3) ～と平行に

第9問の答え　(2) 置く

< place >
[pléis] 【動詞】置く、配置する

【解説】動詞の place はパート(1)の「写真描写問題」で使われます。椅子や机、コピー機など、さまざまな事務用品や機器が置かれている写真で使われることが多いです。
【派生語】placement（名）「配置」、placeable（形）「配置できる」
【類語】locate「置く」、position「位置を定める」、put「置く」、set「配置する」、situate「置く」
【例文】The books were placed in a carton and taken to another room.
訳：本は段ボール箱に入れられ、別の部屋に運ばれました。
【参考】(1) dig　(3) load

第10問の答え　(3) 〜と平行に

< parallel to >
【熟語／慣用表現】〜と平行に、並行する、対応する

【解説】パート(1)の「写真描写問題」で使われます。2本のはしごが建物に並行に立てかけられていたり、はしご以外でも何か2つの物が並行に並べられている写真で使われることが多いです。「パラレル」という名詞が半ば日本語になっているので、この形容詞の意味も推測できるはずです。
【派生語】parallel（名）「平行線」（動）「平行させる、匹敵する」
【例文】The two streets run parallel to each other.
訳：その2本の道は並行に走っています。
【参考】(1) close to　(2) opposite to

第 11 問

< high-rise >

この単語の、もっとも適切な日本語を選びなさい。

(1) 天井

(2) 高層建築物

(3) 分譲マンション

第 12 問

< point >

この単語の、もっとも適切な日本語を選びなさい。

(1) 手を振る

(2) 指さす

(3) 挨拶する

第 11 問の答え　　（2）高層建築物

< high-rise >
[hái ráiz] 【名詞】高層建築物

【解説】パート(1)の「写真描写問題」で使われます。高層ビルが背景にある写真で使われる場合が多いです。似た意味の単語 skyscraper は、厳密には超高層ビルを指しますが、最近はあまり区別して使われていないようです。
【類語】skyscraper「摩天楼、高層ビル」
【例文】They are exiting the high-rise after having seen the view from the top.
訳：彼らは屋上からの景色を見終えて、その高層ビルから出ていくところです。
【参考】(1) ceiling　(3) condominium

第 12 問の答え　　（2）指さす

< point >
[pɔ́int] 【動詞】指さす、指示する

【解説】パート(1)の「写真描写問題」で時々使われます。人がどこかを指さしている写真で使われることが多い動詞です。ポインター「指し棒」が半分日本語になっているので、動詞 point の意味は推測できるはずです。
【派生語】pointer（名）「助言、指針、指し棒」
【類語】direct「（注意などを）向ける」、aim「（言葉などを）向ける」
【例文】The professor pointed to the student whose opinion he wanted to hear.
訳：教授は意見を聞きたいと思ったその学生を指さしました。
【参考】(1) wave　(3) greet

第 13 問

< pass out >

この熟語の、もっとも適切な日本語を選びなさい。

(1) 実行する

(2) 取り出す

(3) 配布する

第 14 問

< browse >

この単語の、もっとも適切な日本語を選びなさい。

(1)(商品を)あちこち見て歩く

(2) 観察する

(3) 上がる

第13問の答え　(3) 配布する

< pass out >
【熟語／慣用表現】配布する

【解説】パート(1)の「写真描写問題」で使われます。誰かが書類などを手渡ししている写真で使われることが多いですが、pass out の意味は「配布する」で、「渡す」ではありません。
【類語】distribute「配布する」、hand out「配布する」、give out「配布する」
【例文】The teacher passed out the new textbooks.
訳：先生が新しい教科書を配布しました。
【参考】(1) carry out　(2) take out

第14問の答え (1) (商品を)あちこち見て歩く

< browse >
[bráuz]【動詞】(商品を)あちこち見て歩く、閲覧する

【解説】パート(1)の「写真描写問題」で使われます。数名が商品を探して店内を歩いているような写真で使われることが多いです。TOEIC には出ませんが、他にも「閲覧する」という意味があり、インターネットでよく使う「ブラウザー」はこの意味での browse の名詞です。
【派生語】browser（名）「検索ソフト」、browsing（名）「閲覧」
【類語】look around「いろいろ見て回る」、window-shop「ウインドウショッピングをする」
【例文】The student spent a long time browsing in the bookstore.
訳：その学生は書店で長時間立ち読みしていました。
【参考】(2) observe　(3) ascend

第 15 問

< position >

この単語の、もっとも適切な日本語を選びなさい。

(1) 締める

(2) 置く

(3) 奨励する

第 16 問

< slant >

この単語の、もっとも適切な日本語を選びなさい。

(1) 許可する

(2) 傾斜する

(3) 積み重ねる

第15問の答え　(2) 置く

< position >

[pəzíʃən]【動詞】置く、位置を定める

【解説】「置く」という意味での動詞の position は、パート(1)の「写真描写問題」で使われます。物が置かれてあったり、人がいたりするような写真で使われます。また、名詞の「地位」という意味での position も TOEIC 必須単語ですが、この意味ではパート(1)以外のパートで使われます。

【派生語】position（名）「位置」、positional（形）「位置の」

【類語】locate「(位置に) 置く」、fix「(場所を) 定める」、settle「据える」

【例文】The enthusiastic student positioned himself near the stage.
訳:その熱心な学生は舞台の近くに陣取りました。

【参考】(1) fasten　(3) encourage

第16問の答え　(2) 傾斜する

< slant >

[slǽnt]【動詞】傾斜する、傾く

【解説】パート(1)の「写真描写問題」で、建物の屋根が傾いている写真で使われたことがあります。最近は少し難しい単語が使われることが増え、この単語も知らない人が多いかと思います。「写真描写問題」でこのような難しめの単語が出たら、想像するか、間違いの選択肢を消去するしかありません。

【派生語】slanted（形）「傾斜した」、slantwise（形）「斜めの」（副）「斜めに」

【類語】angle「斜めに傾ける」、incline「傾く」、tilt「傾く」

【例文】After the earthquake, the house was slanted.
訳:地震の後、その家は傾いていました。

【参考】(1) grant　(3) stack

第 17 問

< dish >

この単語の、もっとも適切な日本語を選びなさい。

(1) 皿

(2) ほうき

(3) 引き出し

第 18 問

< walkway >

この単語の、もっとも適切な日本語を選びなさい。

(1) 交差点

(2) 廊下

(3) 通路

第 17 問の答え　　　（1）皿

< dish >

[díʃ]　【名詞】皿、(皿に盛られた)料理、食器

【解説】パート(1)の「写真描写問題」で使われます。「皿」という意味で使われることも、「(皿に盛られた)料理」という意味でも使われることもあります。両方の意味を覚えましょう。

【類語】plate「皿」、saucer「皿」、bowl「(深い)皿」、cuisine「料理」、food「料理」

【例文】The dishes are being removed from the table by the waiter.
訳：皿がウエイターによってテーブルから片付けられているところです。

【参考】(2) broom　(3) drawer

第 18 問の答え　　　（3）通路

< walkway >

[wɔ́:kwèi]　【名詞】通路、歩道

【解説】パート(1)の「写真描写問題」で使われます。人が歩いている写真で使われることが多いです。walk と way が重なった単語なので、知らなくても意味は推測できるはずです。

【類語】passage「通路」、path「小道」

【例文】There is a walkway leading from the station to our office building.
訳：駅から会社のビルまでつながる連絡通路があります。

【参考】(1) intersection　(2) hallway

第 19 問

< in a line >

この熟語の、もっとも適切な日本語を選びなさい。

(1) 一列になって

(2) ある意味では

(3) 急いで

第 20 問

< story >

この単語の、もっとも適切な日本語を選びなさい。

(1) 階

(2) 天井

(3) マンション

第19問の答え　(1) 一列になって

< in a line >

【熟語／慣用表現】一列になって、列に並んで

【解説】パート(1)の「写真描写問題」で、人、自動車、自転車などが一列に並んでいる写真が出ることがあり、そこで使われる単語です。ビジネスでというよりむしろ通常の日常会話でよく使われる表現です。

【類語】in a queue「列に並んで」、in a row「列になって」

【例文】He left early to avoid waiting in a line for tickets.
訳：彼はチケットを買う行列に並ぶのを避けるため、早めに出かけました。

【参考】(2) in a way　(3) in a hurry

第20問の答え　(1) 階

< story >

[stɔ́:ri]　**【名詞】**階、層

【解説】パート(1)の「写真描写問題」で使われます。That building has three stories. のような英文で使われることが多いです。似た意味の単語に level「階」がありますが、story が使われることも、level が使われることもあるので、一緒に覚えておきましょう。

【派生語】-storied（形）「〜階建ての」

【類語】floor「階」、level「階」

【例文】That skyscraper has 45stories.
訳：あの高層ビルは45階建てです。

【参考】(2) ceiling　(3) condominium

第 21 問

< crowd >

この単語の、もっとも適切な日本語を選びなさい。

(1) 消費者

(2) 観客

(3) 群衆

第 22 問

< stream >

この単語の、もっとも適切な日本語を選びなさい。

(1) 小川

(2) 噴水

(3) 桟橋

第21問の答え　　　(3) 群衆

< crowd >

[kráud]【名詞】群衆、観衆、民衆

【解説】crowd を使う場合、デパートの化粧品売り場に殺到する人のように 15 〜 20 人くらいの人を指す場合もあれば、デモや集会に集まった人のように 1000 〜 2000 人の人を指す場合もあります。頻出ではありませんが、リスニングセクションを中心に使われます。
【派生語】crowd（動）「いっぱいにする」、crowded（形）「込み合った」
【類語】masses「大衆」
【例文】A crowd gathered around the stage for the politician's speech.
訳：その政治家の演説を聞こうと、群衆がステージの周りに集まりました。
【参考】(1) consumer　(2) spectator

第22問の答え　　　(1) 小川

< stream >

[strí:m]【名詞】小川、流れ、流水

【解説】パート(1)の「写真描写問題」で使われます。少し幅広い川を小舟が通っている写真などで使われます。stream には他にも「流れ、流水」などの意味があります。
【類語】brook「小川」
【例文】A small bridge ran over the stream.
訳：その小川には小さな橋がかかっていました。
【参考】(2) fountain　(3) pier

第 23 問

< trash bin >

この単語の、もっとも適切な日本語を選びなさい。

(1) くず入れ

(2) 掲示板

(3) 食器棚

第 24 問

< paved >

この単語の、もっとも適切な日本語を選びなさい。

(1) 舗装された

(2) 覆われた

(3) 改装された

第23問の答え　(1) くず入れ

< trash bin >
[trǽʃ bín]【名詞】くず入れ

【解説】パート(1)の「写真描写問題」で時々使われます。同じ意味で trash can という語もあります。「写真描写問題」で正答に使われる場合も、誤答に使われる場合もあります。
【類語】trash can「ゴミ箱」、garbage can「ゴミ箱」
【例文】He tore up the document and threw it into the trash bin.
訳：彼はその書類を破り、ゴミ箱の中に放り入れました。
【参考】(2) bulletin board　(3) cupboard

第24問の答え　(1) 舗装された

< paved >
[péivd]【形容詞】舗装された

【解説】パート(1)の「写真描写問題」で、The road is paved. のような英文で使われることがありますが、頻出ではありません。「写真描写問題」では名詞の pavement「歩道、舗装」が使われる場合もあります。
【派生語】pave (動)「舗装する」、pavement (名)「舗装道路、(米) 車道」
【類語】sidewalk「歩道」
【例文】The roads in the small country town were paved recently.
訳：その小さな田舎町の道路が最近舗装されました。
【参考】(2) covered　(3) renovated

第 25 問

< fold >

この単語の、もっとも適切な日本語を選びなさい。

(1) 取得する

(2) たたむ

(3) 撤退する

第 26 問

< ceiling >

この単語の、もっとも適切な日本語を選びなさい。

(1) はしご

(2) 暖炉

(3) 天井

第25問の答え　（2）たたむ

< fold >

[fóuld]【動詞】たたむ、折る

【解説】The man is folding the chair. のような英文でパート(1)の「写真描写問題」で時々使われます。fold と反意語の unfold「広げる」もパート(1)の「写真描写問題」で使われます。fold は日常生活でよく使われる単語です。

【派生語】folder（名）「書類ばさみ」、folded（形）「折りたたまれた」、folding（形）「折りたたみ式の」、unfold（動）「広げる」

【類語】extend「広げる」、spread「広げる」

【例文】She folded the napkin and placed it on the table.
訳：彼女はそのナプキンをたたんでテーブルに置きました。

【参考】(1) acquire　(3) withdraw

第26問の答え　（3）天井

< ceiling >

[sí:liŋ]【名詞】天井、最高限度

【解説】ceiling light「天井灯」という表現が、リスニング、リーディング両セクションで使われることがあります。内容は、天井灯の修理に関する話や販売に関する話が多いです。政府などの予算案作成の際に使われる「シーリング」もここからきています。

【類語】roof「屋根」、floor「床」、wall「壁」

【例文】This apartment has high ceilings.
訳：このアパートは天井が高いです。

【参考】(1) ladder　(2) fireplace

第 27 問

< lawn >

この単語の、もっとも適切な日本語を選びなさい。

(1) 芝生

(2) 小道

(3) 通路

第 28 問

< broom >

この単語の、もっとも適切な日本語を選びなさい。

(1) 災害

(2) 品物

(3) ほうき

第 27 問の答え　　(1) 芝生

< lawn >
[lɔ́:n]【名詞】芝生、芝地

【解説】パート(1)の「写真描写問題」で使われます。正解にも誤答にも使われる単語です。「家の周りに芝生が生えている」や、「芝生を刈っている」といった英文で出ることが多いです。芝刈り機のことは lawn mower と言います。
【類語】lawn mower「芝刈り機」
【例文】A large tent was set up on the lawn for the wedding reception.
訳：結婚式のために、大きなテントが芝生の上に設置されました。
【参考】(2) path　(3) aisle

第 28 問の答え　　(3) ほうき

< broom >
[brú:m]【名詞】ほうき

【解説】パート(1)の「写真描写問題」で使われたことがあります。「ほうきで床を掃いている写真」が出ると、以前は動詞 sweep「掃く」が使われることが多かったのですが、最近は同じ写真でも use a broom のように使う単語や表現を変えてきています。日常生活の中で頻繁に使う単語ですが、単語本などには出ていないので、知らない人が多いです。
【類語】vacuum「掃除機」、sweeper「掃除機」、mop「モップ」
【例文】She could not use a broom to sweep the floor because it was carpeted.
訳：カーペットが敷いてあったので、彼女はその床をほうきで掃くことができませんでした。
【参考】(1) disaster　(2) item

第 29 問

< occupy >

この単語の、もっとも適切な日本語を選びなさい。

(1) 注ぐ

(2) 占める

(3) 掃く

第 30 問

< statue >

この単語の、もっとも適切な日本語を選びなさい。

(1) 展示

(2) 像

(3) 掲示板

第29問の答え　(2) 占める

< occupy >

[ákjəpài]【動詞】占める、占領する、使う

【解説】パート(1)の「写真描写問題」で、The table is occupied.「テーブルはふさがっています」などのような表現の中で使われることがあります。どちらかと言えば会話でよく使う単語です。
【派生語】occupancy（名）「占有状態」、occupant（名）「占有者」、occupation（名）「占有」
【類語】take up「（場所を）占める」
【例文】He knocked on the restroom door, but it was occupied.
訳：彼はトイレのドアをノックしましたが、使用中でした。
【参考】(1) pour　(3) sweep

第30問の答え　(2) 像

< statue >

[stǽtʃu:]【名詞】像

【解説】パート(1)の「写真描写問題」で、何かの像の写真が出て、その正解の英文に使われることが多いです。ニューヨークにある「自由の女神像」は the Statue of Liberty と言います。
【派生語】statuary（形）「彫像の」
【類語】sculpture「彫像、彫刻」
【例文】There is a statue of the famous dog, Hachiko, in Shibuya.
訳：渋谷には有名なハチ公の像があります。
【参考】(1) exhibition　(3) bulletin board

第 31 問

< sculpture >

この単語の、もっとも適切な日本語を選びなさい。

(1) 彫刻

(2) 陶器

(3) 絵画

第 32 問

< kneel down >

この熟語の、もっとも適切な日本語を選びなさい。

(1) ひざまずく

(2) かがむ

(3) 電話を切る

第 31 問の答え　　　(1) 彫刻

< sculpture >
[skʌ́lptʃər]【名詞】彫刻

【解説】リスニングセクションで、museum「美術館、博物館」や exhibit「展示、展示品」などに関する英文が出ることが時々あり、そこで sculpture が一緒に使われることがあります。パート(1)の「写真描写問題」で使われることもあります。

【派生語】sculptor（名）「彫刻家」

【例文】The artist at the Sapporo Snow Festival made sculptures out of ice.
訳：さっぽろ雪まつりに参加したその芸術家は氷で彫刻を作りました。

【参考】(2) pottery　(3) painting

第 32 問の答え　　　(1) ひざまずく

< kneel down >
【熟語／慣用表現】ひざまずく

【解説】パート(1)の「写真描写問題」で、通りや床などにひざまずいている人の写真が時々出ることがあります。kneel down on と on の後ろにひざまずいている場所が続く場合が多いです。

【例文】The people in the church kneeled down on the floor in order to pray.
訳：教会にいる人々は祈りをささげるために床にひざまずきました。

【参考】(2) bend over　(3) hang up

第 33 問

< scenery >

この単語の、もっとも適切な日本語を選びなさい。

(1) 田舎

(2) 環境

(3) 風景

第 34 問

< float >

この単語の、もっとも適切な日本語を選びなさい。

(1) 乗車する

(2) 浮かぶ

(3) 電話を切らずに待つ

第 33 問の答え　　（3）風景

< scenery >

[síːnəri]【名詞】風景、景色、景観

【解説】パート(1)の「写真描写問題」で使われることがあります。scenery と view の使い方を間違える人がいますが、scenery はどちらかと言えば田舎の景色で、view は人が見る景色を指すので、都心にある 40 階のビルからの景色を表す場合には view を使います。
【派生語】scene（名）「景色」、scenic（形）「景色のよい」
【類語】landscape「風景、景色」、view「景色」
【例文】The scenery in this national park is beautiful.
訳：この国立公園の風景は美しいです。
【参考】(1) countryside　(2) environment

第 34 問の答え　　（2）浮かぶ

< float >

[flóut]【動詞】浮かぶ、浮く

【解説】パート(1)の「写真描写問題」で使われます。海や湖に船やボートが浮かんでいる写真で使われることが多い動詞です。
【派生語】floating（形）「浮いている、流動的な」、floatable（形）「浮くことができる」、flotation（名）「浮力」
【類語】drift「漂流する」、hover「（空中に）浮く」、sink「沈む」
【例文】A leaf is floating on the water near the pier.
訳：その桟橋の近くの水面に 1 枚の葉が浮かんでいます。
【参考】(1) board　(3) hold

第 35 問

< rinse >

この単語の、もっとも適切な日本語を選びなさい。

(1) すすぐ

(2) もたれかかる

(3) 知らせる

第 36 問

< store >

この単語の、もっとも適切な日本語を選びなさい。

(1) 保管する

(2) 注ぐ

(3) 分類する

第35問の答え (1) すすぐ

< rinse >

[ríns]【動詞】すすぐ、ゆすぐ、(流水で)洗う

【解説】パート(1)の「写真描写問題」で、「食器を水ですすいでいる写真」が出た際に rinse が使われました。海外に住んだ経験があればすぐにわかるのですが、単語本などには出てこない日常生活の中で使う単語なので、知らない人が多いです。

【派生語】rinsing（名）「すすぎ」

【類語】wash「洗う」、soak「浸す」

【例文】The husband washed the dishes and his wife rinsed them.
訳：夫が皿を洗い、妻がその皿をすすぎました。

【参考】(2) lean (3) inform

第36問の答え (1) 保管する

< store >

[stɔ́ːr]【動詞】保管する、貯蔵する

【解説】パート(1)の「写真描写問題」やパート(2)の「応答問題」で使われます。「店」という意味の store は知っていても、「保管する」という意味があることを知らない人がいます。パート(1)で出るときは、何かが小さな倉庫のようなところに入っている場面などで使われたりします。

【派生語】storage（名）「保管」

【類語】storeroom「保管室」、storehouse「宝庫、倉庫」、keep「保存する」

【例文】The boy's bicycle is stored in the garage next to the family car.
訳：その少年の自転車は、ガレージの自家用車の横に置かれています。

【参考】(2) pour (3) sort

第 37 問

< lift >

この単語の、もっとも適切な日本語を選びなさい。

(1) 持ち上げる

(2) 訂正する

(3) 強調する

第 38 問

< prop >

この単語の、もっとも適切な日本語を選びなさい。

(1) 牽引する

(2) ひざまずく

(3) もたせかける

第37問の答え (1) 持ち上げる

< lift >

[líft] 【動詞】持ち上げる、上げる、取り除く

【解説】パート(1)の「写真描写問題」で、重機で何かを持ち上げているような写真で使われることがあります。多少難しい言い方ですが、パート(7)で、「(問題などを)取り除く」という意味で使われることもあります。
【派生語】lift (名)「持ち上げること」
【類語】raise「持ち上げる」、pick up「拾い上げる、持ち上げる」
【例文】The luggage is too heavy for her to lift.
訳:手荷物は彼女が持ち上げるには重過ぎます。
【参考】(2) revise (3) emphasize

第38問の答え (3) もたせかける

< prop >

[práp] 【動詞】もたせかける、支える

【解説】最近はパート(1)の「写真描写問題」で使われる単語が少し難しくなっているせいか、この単語もパート(1)で使われたことがあります。自転車やはしごが壁にもたせかけられているような写真で使われます。「写真描写問題」でこのような難しめの単語が出たら、想像するか、間違いの選択肢を消去するしかありません。
【類語】set A against B「AをBに立てかける」
【例文】He propped the ladder up against the wall.
訳:彼はそのはしごを壁に立てかけました。
【参考】(1) tow (2) kneel

第 39 問

< grocery >

この単語の、もっとも適切な日本語を選びなさい。

(1) 乳製品

(2) 食料雑貨類

(3) 飲料

第 40 問

< flood >

この単語の、もっとも適切な日本語を選びなさい。

(1) あふれさせる

(2) 同封する

(3) 保持する

第39問の答え　(2) 食料雑貨類

< grocery >

[gróusəri]【名詞】食料雑貨類、食料品店

【解説】日常会話必須単語なので、TOEICでは、パート(1)の「写真描写問題」や、パート(2)の「応答問題」などで使われます。「食料品店」という意味もあります。日常会話では両方の意味で頻繁に使われます。

【派生語】grocer（名）「食料雑貨店（主）」

【例文】She picked up some groceries at the supermarket.

訳：彼女はスーパーで食料品を買いました。

【参考】(1) dairy　(3) beverage

第40問の答え　(1) あふれさせる

< flood >

[flʌd]【動詞】あふれさせる、水浸しにする、殺到する

【解説】動詞の flood は「あふれさせる、水浸しにする、殺到する」という意味があります。名詞も同じ flood で、「洪水」以外に、flood of books や flood of orders などのように flood of の形で「山のような」という比喩的な意味でも使われます。

【派生語】flooding「氾濫、浸水」

【類語】overflow「洪水」

【例文】The river flooded the rural area and caused much damage to the local economy.

訳：その川は農村部を水浸しにし、地域経済に大きな打撃を与えました。

【参考】(2) enclose　(3) retain

第 41 問

< situate >

この単語の、もっとも適切な日本語を選びなさい。

(1) 掃く

(2) 場所を定める

(3) 取り囲む

第 42 問

< wave >

この単語の、もっとも適切な日本語を選びなさい。

(1) 挨拶する

(2) 手を振る

(3) ほめる

【1章 パート1によく出る単語・熟語】 051

第41問の答え　(2) 場所を定める

< situate >

[sítʃuèit]【動詞】場所を定める、置く、位置させる

【解説】パート(1)の「写真描写問題」で使われます。物が置かれている写真で使われることもあり、その場合には「置く」という意味になります。また、建物が建っている写真で使われることもあり、その場合には「場所を定める」という意味になります。

【派生語】situation（名）「状況」、situated（形）「位置している」、situational（形）「状況の」

【類語】locate「置く」、place「置く」、position「位置を定める」、put「置く」、set「配置する」

【例文】A cabin is situated on the slope of the mountain.
訳：その山の斜面に山小屋があります。

【参考】(1) sweep　(3) surround

第42問の答え　(2) 手を振る

< wave >

[wéiv]【動詞】手を振る、振り回す、うねらせる、波立たせる

【解説】パート(1)の「写真描写問題」で、正答の選択肢に使われる場合もあれば、誤答の選択肢に使われる場合もあります。「手を振る」という意味で使われることが多いです。名詞では「波」という意味があり、そのままの意味で使われることもありますが、「国際化の波」「経済発展の波」などのように比喩的に使われることも多いです。

【例文】The supervisor waved his hand to the crane operator to continue.
訳：監督者は手を振り、クレーンの操作者に作業継続の合図を出しました。

【参考】(1) greet　(3) praise

第 43 問

< skyscraper >

この単語の、もっとも適切な日本語を選びなさい。

(1) はしご

(2) 摩天楼

(3) 屋根

第 44 問

< curb >

この単語の、もっとも適切な日本語を選びなさい。

(1) (歩道の)縁石

(2) 歩道

(3) 手すり

第43問の答え　　(2) 摩天楼

< skyscraper >
[skáiskrèipər]【名詞】摩天楼

【解説】パート(1)の「写真描写問題」で使われることがありますが、他のパートで使われることはほとんどありません。似た意味の単語に high-rise「高層建築」があり、ほぼ同じ意味で使われています。
【類語】high-rise「高層建築」
【例文】The world's tallest skyscraper is currently in Taipei.
訳：世界で最も高い高層ビルは現在、台北にあります。
【参考】(1) ladder　(3) roof

第44問の答え　　(1) (歩道の)縁石

< curb >
[kə́:rb]【名詞】(歩道の)縁石、へり石、制限

【解説】車道と歩道の境に設置されている石を「縁石」と言います。頻繁に出てくる単語ではありませんが、パート(1)の「写真描写問題」で使われることがあります。
【類語】pavement「舗装道路、(米)車道、(英)歩道」、sidewalk「(米)歩道」
【例文】He stepped down from the curb into the street.
訳：彼は縁石を降りて通りへ出ました。
【参考】(2) sidewalk　(3) railing

受験生コラム

押し寄せる英語公用語化の波！

　先日、本書を出版している祥伝社から「もし御社の公用語が英語になったら」というタイトルの単行本が送られてきました。現在、英語が公用語になった楽天にTOEICを教えに行っている関係もあり、興味深く読ませてもらいました。

　楽天の英語公用語化が発表になってから、私が主宰する教室への参加者も増えています。まさに青天の霹靂(へきれき)で、まさか自分の会社が英語を公用語にすると思ってもいなかった人が多く、TOEICの点数を上げるのに苦労をしています。

　楽天の人と接すれば接するほど、英語公用語化の意味がよくわかるようになりました。日本の市場がこれ以上伸びないであろう未来において、企業が成長するためには海外、特に発展めざましいアジアに出ていくしかない、というのはどの会社にも共通したテーマです。楽天の場合、将来を見据えて、大きな壁を感じた上層部が英語公用語化を強行したのではと想像します。

　社員の方はポジションと給与がかかっているので、みんな必然的に勉強をせざるをえません。当然、文法を勉強し直し、最低限の単語を覚え、リスニングの練習を、となる

受験生コラム

ので、連絡手段であるメールの読み書き、最低限のリスニングくらいはできるようになるはずです。

先に紹介した本の内容で「その通り」と思った箇所はいろいろありますが、単語について言えば「今後グローバルに仕事をする上で絶対に必要となる力、それは『単語力』、それも専門分野の『単語力』である」というくだりです。マーケティング分野であれば「segment」と言われた時に正確に何を意味するのかがわかること、金融分野であれば「capital」と「equity」をきちんと使い分けられること、とありますが、まさにその通りだと思います。

私はMBA留学中は金融を専門に学びましたが、マーケティングや会計などは必須科目で一通りの勉強はしました。segmentationと言われた時に概念がおぼろげにしかわからなかったり、日本語に訳すと同じだからとcapitalとequityの違いがわからないでは仕事にならないだけでなく、恥をかきます。

多くのビジネスマンにとっては、ある程度のTOEICの点数がないと、リスクをヘッジすることができないので、当面は単語もTOEICに特化して勉強しなければなりませんが、目標点を達成したら、さらに上の点数を追うのではなく、本当に自分の仕事に必要な単語力の強化を図ることも大事ではないかと思います。

# 2章

パート2・3によく出る単語・熟語

【パート2&3】

リスニングセクション、パート2の「応答問題」とパート3の「会話問題」によく出る単語・熟語を集めました。パート1とは異なり、ビジネスで使われる単語・熟語も一部含まれています。

第1問

< delivery >

この単語の、もっとも適切な日本語を選びなさい。

(1) 国際宅配便

(2) 配達

(3) 郵便料金

第2問

< make revisions >

この熟語の、もっとも適切な日本語を選びなさい。

(1) 改訂する

(2) 進歩する

(3) 貢献する

第1問の答え　　(2) 配達

< delivery >

[dilívəri]【名詞】配達、配達物、送付

【解説】TOEIC 必須単語で、動詞の deliver「配達する」とともにパート(1)以外すべてのパートで頻繁に使われます。TOEIC テスト改変前には、「配達物」という意味の deliveries がパート(5)の「語彙問題」で出題されたこともあります。
【派生語】deliver（動）「配達する」、delivery person「配達人」
【類語】courier「国際宅配便、宅配便業者」
【例文】Unfortunately, the delivery from the department store cannot be made on Sundays.
訳：残念ながら、日曜日にそのデパートからの商品を配達することはできません。
【参考】(1) courier　(3) postage

第2問の答え　　(1) 改訂する

< make revisions >

【熟語／慣用表現】改訂する、変更する

【解説】revise「改訂する」はリスニング、リーディング両セクションで使われますが、この revise を言い換えたのが、make revisions です。make revisions という表現もビジネス関連の英文で頻繁に使われる表現です。パート(5)で「熟語問題」として出題されたこともあります。
【類語】alter「修正する」、make over「作り直す」、modify「修正する」
【例文】The company must make revisions in its tax payments due to changes in the law.
訳：法律が改正されたため、その会社は納税額の修正を行なわなければなりません。
【参考】(2) make progress　(3) make a contribution

第 3 問

< by hand >

この熟語の、もっとも適切な日本語を選びなさい。

(1) 自分で

(2) 手渡しで

(3) 前もって

第 4 問

< hallway >

この単語の、もっとも適切な日本語を選びなさい。

(1) 階段

(2) 舗道

(3) 廊下

第3問の答え　　（2）手渡しで

< by hand >
【熟語／慣用表現】手渡しで

【解説】パート(2)の「応答問題」で、疑問詞 how を使った How do you deliver the document? のような英文が出ることがあり、その正解に by hand「手渡しで」が使われる場合があります。日常会話でよく使われる表現です。パート(3)の「会話問題」で使われることもあります。
【類語】at hand「手近に、近い将来」、in hand「手持ちの、進行中の」、on hand「手元に」
【例文】The important document was delivered to the CEO by hand.
訳：その重要書類は CEO に手渡されました。
【参考】(1) in person　(3) in advance

第4問の答え　　（3）廊下

< hallway >
[hɔ́:lwèi]【名詞】廊下

【解説】リスニングセクションのパート(2)の「応答問題」で使われることが多いです。正解の選択肢に使われる場合もあれば、誤答の選択肢に使われる場合もあります。
【類語】hall「廊下」、corridor「廊下」、passage「通路、廊下」、aisle「通路」
【例文】The vending machines are in the hallway, next to the restrooms.
訳：自動販売機は、廊下のお手洗いの隣にあります。
【参考】(1) stairs　(2) pavement

第 5 問

< ride >

この単語の、もっとも適切な日本語を選びなさい。

(1) 車に乗せること

(2) 乗り物

(3) 交通

第 6 問

< park >

この単語の、もっとも適切な日本語を選びなさい。

(1) 保管する

(2) けん引する

(3) 駐車する

【2章 パート2・3によく出る単語・熟語】 063

第5問の答え (1) 車に乗せること

< ride >

[ráid]【名詞】車に乗せること

【解説】名詞の ride を使った、I will give you a ride.「車にお乗せします」や Do you need a ride?「車で送りましょうか？」のような表現が会話でよく使われます。そのため、リスニングセクションのパート(2)や(3)で時々使われます。動詞の ride「乗る、乗せる」は知っていても、名詞の ride「車に乗せること」を知らない人が多いです。
【派生語】ride（動）「乗る」、ridable（形）「乗ることができる」
【類語】lift「車に乗せること」、carpool「マイカーの相乗り」
【例文】The man needed a ride because his own car was being fixed.
訳：その男性は自分の車が修理中だったため、誰かに車に乗せてもらう必要がありました。
【参考】(2) vehicle (3) traffic

第6問の答え (3) 駐車する

< park >

[pá:rk]【動詞】駐車する

【解説】リスニングセクションで使われることが多い単語です。パート(1)の「写真描写問題」や、パート(2)の「応答問題」で使われる場合は、同じ音を使ったトリックとして「公園」という意味の park とからめ、「駐車する」という意味の park が設問文に使われていれば、間違いの選択肢に「公園」という意味の park が使われている、あるいはその逆もある、という具合です。
【派生語】parking（名）「駐車、駐車場」
【類語】pull over「（車を）路肩に寄せる」
【例文】The delivery truck is parked behind the building.
訳：その配達用トラックは建物の裏に停められています。
【参考】(1) store (2) tow

第 7 問

< coworker >

この単語の、もっとも適切な日本語を選びなさい。

(1) 同僚

(2) 部下

(3) 候補者

第 8 問

< subordinate >

この単語の、もっとも適切な日本語を選びなさい。

(1) 相当する人

(2) 助手

(3) 部下

第7問の答え　　　(1) 同僚

< coworker >

[kóuwə̀:rkər] 【名詞】同僚、職場仲間

【解説】パート(2)の「応答問題」やパート(3)の「会話問題」でよく使われます。同じ意味の単語 colleague も TOEIC 頻出単語です。一緒に覚えましょう。
【類語】colleague「同僚」、associate「同僚」
【例文】The two coworkers interviewed the job candidate.
訳：同僚である2人が、その応募者の面接を行ないました。
【参考】(2) subordinate　(3) condidate

第8問の答え　　　(3) 部下

< subordinate >

[səbɔ́:rdənət] 【名詞】部下、下級(従属)者

【解説】「部下」という意味での名詞の subordinate はビジネス必須単語です。TOEIC ではリスニングセクションで使われることが多いですが、パート(7)の「読解問題」で使われることもあります。
【派生語】subordinate（形）「下位の」、subordination（名）「従属、下位」
【類語】junior「(地位が) 下位の人」、inferior「後輩、目下の人」、apprentice「見習い」
【例文】When he became division chief, he had 200 subordinates working under him.
訳：彼が部長になったとき、彼の下には200人の部下が働いていました。
【参考】(1) counterpart　(2) assistant

第 9 問

< certification >

この単語の、もっとも適切な日本語を選びなさい。

(1) 証明書

(2) 許可

(3) 仕様書

第 10 問

< rent >

この単語の、もっとも適切な日本語を選びなさい。

(1) 負債

(2) 経費

(3) 家賃

第9問の答え　　　　（1）証明書

< certification >

[sə:rtifikéiʃən]【名詞】証明書、証明、認可

【解説】 ビジネス必須単語なので、リスニングセクション、リーディングセクションの両方でよく使われます。銀行口座を開いたり、求人広告に応募したりする際の提出書類の一部として、証明書を必要とする話が出てきます。

【派生語】 certify（動）「証明する」、certified（形）「資格を持った」、certificate（名）「証明書」

【例文】 She received a certification that she had completed the course.
訳：彼女はそのコースを修了したとする証明書を受け取りました。

【参考】（2）authorization　（3）specifications

第10問の答え　　　　（3）家賃

< rent >

[rént]【名詞】家賃、賃貸料

【解説】 パート(2)の「応答問題」やパート(3)の「会話問題」で時々引っ越しに関する会話が出ることがあり、そのような会話で使われることが多い単語です。会話に慣れている人にとっては簡単な単語ですが、慣れていない人の中には動詞のrent「賃貸する」という意味は知っていても「家賃」という名詞の意味を知らない人もいます。

【派生語】 rental（形）「賃貸の」
【類語】 lease「賃貸契約、賃貸期間」
【例文】 The rent for the space in the building downtown was very high.
訳：中心街にあるそのビルのスペース賃貸料は、たいへん高額でした。

【参考】（1）debt　（2）expenses

第 11 問

< lease >

この単語の、もっとも適切な日本語を選びなさい。

(1) 賃貸借契約

(2) 賃貸料

(3) 請求書

第 12 問

< signature >

この単語の、もっとも適切な日本語を選びなさい。

(1) 署名

(2) 添付

(3) 同封

第11問の答え　(1) 賃貸借契約

< lease >

[líːs]【名詞】賃貸借契約

【解説】パート(3)の「会話問題」、パート(4)の「説明文問題」、パート(7)の「読解問題」などで使われることがあります。半分日本語になっている単語で、TOEICでは不動産の賃貸関係の話の中で使われることが多いです。
【類語】rent「賃貸料」、tenant「賃借人」、landlord「家主」
【例文】She signed a one-year lease for the apartment.
訳：彼女は1年間のアパート賃貸借契約にサインしました。
【参考】(2) rent　(3) invoice

第12問の答え　(1) 署名

< signature >

[sígnətʃər]【名詞】署名、サイン

【解説】日常生活でもビジネスでも頻繁に使う重要な単語です。リスニングセクションパート(2)の「応答問題」、パート(3)の「会話問題」、リーディングセクションパート(7)の「読解問題」などで使われます。signatureは書類の受け取りなどの際に必要なサインのことで、有名人などに書いてもらうサイン（autograph）と間違えないようにしましょう。
【派生語】sign（動）「署名する」
【類語】autograph「(有名人などの) サイン」
【例文】Your signature is required in order to make this contract official.
訳：この契約を正式なものとするためにあなたのサインが必要です。
【参考】(2) attachment　(3) enclosure

第 13 問

< handle >

この単語の、もっとも適切な日本語を選びなさい。

(1) 注文する

(2) 扱う

(3) 交渉する

第 14 問

< return a call >

この熟語の、もっとも適切な日本語を選びなさい。

(1) 電話をする

(2) 電話を切る

(3) 折り返し電話をする

【2章 パート2・3によく出る単語・熟語】 071

第13問の答え (2) 扱う

< handle >
[hǽndl]【動詞】扱う、取り扱う、処理する

【解説】日常生活でもビジネスでもよく使う単語で、リスニングセクションを中心に出ることが多いです。handle「扱う」と同じ意味の動詞の address が、最近パート(5)の「語彙問題」で出題されています。リーディングセクション、特にパート(5)の「語彙問題」で扱われる単語は、よりフォーマルなものに移行しつつあります。

【類語】cope with...「…に対処する」、manage「扱う」、treat「扱う」、manipulate「操作する」

【例文】The manager did his best to handle the complaints from the client.
訳：マネージャーはその顧客からの苦情を処理するために最善を尽くしました。

【参考】(1) order (3) negotiate

第14問の答え (3) 折り返し電話をする

< return a call >
【熟語／慣用表現】折り返し電話をする

【解説】日常、ビジネス両方の場面でよく使われます。リスニングセクションのパート(2)や(3)にはビジネスシーンでの会話が多いので、この return a call という表現も時々使われます。覚えておけば日常生活でも仕事でも便利に使えます。

【類語】call back「折り返し電話をする、再度電話をする」、make a call「電話をかける」、place a call「電話をかける」

【例文】The president of the company was asked to return a call made to him by his bank.
訳：その会社社長は、取引銀行からかかってきた電話に折り返し返事してほしいと言われました。

【参考】(1) make a call (2) hand up

第 15 問

< recall >

この単語の、もっとも適切な日本語を選びなさい。

(1) 気にする

(2) 思い出す

(3) 集める

第 16 問

< appropriate >

この単語の、もっとも適切な日本語を選びなさい。

(1) 即座の

(2) 思慮深い

(3) 適切な

第15問の答え (2) 思い出す

< recall >

[rikɔ́:l]【動詞】思い出す、呼び戻す、回収する

【解説】パート(7)の「読解問題」の、メールや手紙文で使われることがあります。ビジネスでよく使う「リコール」「(不良製品を) 回収する」という意味では知ってはいても、「思い出す」という意味があることを知らない人が多いです。
【類語】recollect「思い出す」、remind「思い出させる」
【例文】She was embarrassed when she couldn't recall her colleague's name.
訳：彼女は同僚の名前を思い出せなくて当惑しました。
【参考】(1) mind (3) collect

第16問の答え (3) 適切な

< appropriate >

[əpróupriət]【形容詞】適切な、ふさわしい

【解説】日常会話、ビジネス会話、ビジネス関連の英文で、頻繁に使われる重要な単語です。TOEICでは、副詞のappropriatelyとともに、リスニング、リーディング両セクションで時々使われます。
【派生語】appropriately（副）「適切に」、appropriateness（名）「妥当性」
【類語】proper「適切な」、suitable「適している」
【例文】She has decided not to wear the dress until the appropriate occasion.
訳：彼女はふさわしい機会が来るまで、そのドレスを着ないことに決めました。
【参考】(1) immediate (2) considerate

第 17 問

< instruct >

この単語の、もっとも適切な日本語を選びなさい。

(1) 育成する

(2) 指導する

(3) 手を引く

第 18 問

< aisle >

この単語の、もっとも適切な日本語を選びなさい。

(1) 車線

(2) 歩道

(3) 通路

第17問の答え　(2) 指導する

< instruct >

[instrÃkt]【動詞】指導する、教える、指示する

【解説】リスニングセクション、リーディングセクションの両方で頻繁に使われ、すでに日本語にもなっている単語です。リスニングセクションで使われる場合は、Who's in charge of instructing the training course?「誰がトレーニングコースの指導担当ですか？」のように簡単な英文で使われることが多いです。
【派生語】instruction（名）「指示」、instructive（形）「有益な」
【類語】train「訓練する」、guide「指導する」、lead「導く」
【例文】They were instructed to read the manual prior to attending the training session.
訳：彼らは研修に出席する前にマニュアルを読んでおくよう指示されました。
【参考】(1) foster　(3) withdraw

第18問の答え　(3) 通路

< aisle >

[áil]【名詞】通路、側廊

【解説】主にリスニングセクションで使われる単語です。最近は、飛行機の機内でもカタカナ表記で半分日本語のように使われているので、知っている人は多いはずです。
【類語】passage「通路」、hallway「廊下」、window seat「窓側の席」
【例文】The passenger would prefer an aisle seat to a window seat.
訳：その乗客は窓側の座席よりも通路側の座席を好むでしょう。
【参考】(1) lane　(2) sidewalk

第 19 問

< present >

この単語の、もっとも適切な日本語を選びなさい。

(1) 実行する

(2) 発表する

(3) 発行する

第 20 問

< turn off >

この熟語の、もっとも適切な日本語を選びなさい。

(1) 偶然出会う

(2) 離陸する

(3) (電気を)消す

第19問の答え　(2) 発表する

< present >

[prizént]【動詞】発表する、提示する、贈る

【解説】主にリスニングセクションで使われる単語です。present には動詞で「発表する、提示する、贈る」、名詞で「贈り物」、形容詞で「出席して」という意味があります。特にパート(2)の「応答問題」では動詞として使われることが多いです。動詞、名詞、形容詞、それぞれの意味を覚えましょう。
【派生語】presence（名）「存在」、present（形）「出席して、現在の」、presently「現在」
【類語】announce「発表する」、bring out「発表する」
【例文】The president presented his plans for the next fiscal year to the board of directors.
訳：その社長は、翌会計年度に向けた自身の計画を取締役会で発表しました。
【参考】(1) implement　(3) issue

第20問の答え　(3) (電気を)消す

< turn off >

【熟語／慣用表現】(電気を)消す

【解説】日常会話で頻繁に使う簡単な熟語です。TOEIC ではパート(2)の「応答問題」で使われることがあります。反対の意味である「(電気を) つける」には turn on を使います。一緒に覚えましょう。
【類語】shut off「(スイッチを) 切る」、switch off「(スイッチを) 切る」
【例文】He turned off the lights before leaving the office.
訳：彼はオフィスを退出する前に灯りを消しました。
【参考】(1) run into　(2) take off

第 21 問

< part >

この単語の、もっとも適切な日本語を選びなさい。

(1) 部品

(2) 範囲

(3) 断片

第 22 問

< fill out >

この熟語の、もっとも適切な日本語を選びなさい。

(1) 配る

(2) 記入する

(3) 実行する

第21問の答え　(1) 部品

< part >
[pá:rt]【名詞】部品、部分、〜の一部

【解説】「部品」という意味での part はビジネス必須単語なので、リスニングセクション、リーディングセクションの両方でよく使われます。日本語でもすでに「パーツ」とカタカナで使われているのですが、「パーツ」が part のことだと知らない人が時々います。製造業従事者には特に重要な単語です。
【派生語】partial（形）「部分的な」、partition（名）「分割、区分」
【類語】element「要素」、factor「要素」
【例文】Our company manufactures computer parts.
訳：当社は、コンピュータの部品を製造しています。
【参考】(2) range　(3) fragment

第22問の答え　(2) 記入する

< fill out >
【熟語／慣用表現】記入する

【解説】同じ「記入する」でも fill in は fill in the blanks のように「空欄に書きこむ」場合に、fill out は fill out the paper のように「書類などに記入する」場合に使います。使い方が異なるので間違えないようにしましょう。パート(3)の「会話問題」やパート(7)の「読解問題」で出題される survey「調査」関連の英文で使われることが多いです。
【類語】fill in「(用紙に) 記入する」
【例文】The businessman filled out the application form for a visa to China.
訳：そのビジネスマンは、中国の入国ビザ申請用紙に必要事項を記入しました。
【参考】(1) hand out　(3) carry out

第 23 問

< go over >

この熟語の、もっとも適切な日本語を選びなさい。

(1) 調べる

(2) 引き継ぐ

(3) 手渡す

第 24 問

< concern >

この単語の、もっとも適切な日本語を選びなさい。

(1) 心配させる

(2) 考慮する

(3) 割り当てる

第23問の答え　　(1) 調べる

< go over >

【熟語／慣用表現】 調べる、越える、繰り返す、検討する

【解説】 リスニングセクションパート(2)の「応答問題」やパート(3)の「会話問題」で使われることがあります。これらのパートでは「調べる」という意味で使われることが多いですが、他にも「越える、繰り返す、検討する」などさまざまな意味があります。

【類語】 examine「調べる」、review「精査する」、probe「精査する」、scrutinize「詳しく調べる」

【例文】 She went over the instruction manual several times, but couldn't find the desired information.
訳：彼女は指示マニュアルを何度か念入りに調べましたが、求めている情報を見つけ出すことはできませんでした。

【参考】 (2) take over　(3) hand over

第24問の答え　　(1) 心配させる

< concern >

[kənsə́ːrn]【動詞】心配させる、関係する、かかわる

【解説】 動詞としての使い方も大事ですが、パート(2)の「応答問題」で What is his concern? のように名詞としての concern が設問文に使われることもあります。パート(3)やパート(7)でもよく使われる単語です。動詞としての concern を使った be concerned about「～について心配している」、名詞としての concern を使った concern about「～についての心配」は、パート(5)で出題されたこともあります。

【類語】 bother「悩ませる」、upset「動揺させる」、worry「心配させる」

【例文】 We are concerned about the recent downturn in the economy.
訳：われわれは最近の景気の後退を懸念しています。

【参考】 (2) consider　(3) assign

第 25 問

< downtown >

この単語の、もっとも適切な日本語を選びなさい。

(1) 海外に(で)

(2) 山の手に(で)

(3) 繁華街に(で)

第 26 問

< suburb >

この単語の、もっとも適切な日本語を選びなさい。

(1) 繁華街

(2) 郊外

(3) 地区

第25問の答え　(3) 繁華街に(で)

< downtown >

[dáuntáun]【副詞】繁華街に(で)

【解説】主にリスニングセクションのパート(2)の「応答問題」で使われます。リーディングセクションではパート(7)の「説明文問題」で使われることが多いです。半分日本語になっているので、大半の人が知っている単語です。名詞も同じdowntownです。

【派生語】downtowner「ダウンタウンに住んでいる人」

【例文】There is a new restaurant downtown that serves Greek food.
訳：ギリシャ料理を食べさせる新しいレストランが街の中心部にあります。

【参考】(1) overseas　(2) uptown

第26問の答え　(2) 郊外

< suburb >

[sʌ́bəːrb]【名詞】郊外

【解説】主にリスニングセクションで使われる単語です。suburbとresidential areaを混同している人が少なくありません。suburbは田舎に近い「郊外」のことで、residential areaは中心地に隣接し、緑が多い「住宅地」です。東京でたとえると、八王子がsuburbで、杉並や世田谷がresidential areaになります。

【派生語】suburban（形）「郊外の」

【類語】urban「都会の」、rural「田舎の」

【例文】He moved to a suburb of Tokyo because the cost of living was cheaper.
訳：生活費が安いので、彼は東京の郊外に引っ越しました。

【参考】(1) downtown　(3) district

第 27 問

< run out of >

この熟語の、もっとも適切な日本語を選びなさい。

(1) ～を使い果たす

(2) 故障する

(3) ～を通り抜ける

第 28 問

< restructure >

この単語の、もっとも適切な日本語を選びなさい。

(1) 許可する

(2) 再構築する

(3) 変更する

第27問の答え (1) 〜を使い果たす

< run out of >

【熟語／慣用表現】〜を使い果たす、切らす、尽きる

【解説】会話でよく使われる表現なので、リスニングセクションのパート(2)の「応答問題」やパート(3)の「会話問題」で頻繁に使われます。「コピー用紙がない」「事務用品がない」などのような内容の英文で使われることが多いです。

【類語】run short of「〜が足りなくなる」、deplete「使い果たす」、expend「使い果たす」

【例文】The plane must land before it runs out of fuel.
訳：その飛行機は燃料切れになる前に着陸しなければなりません。

【参考】(2) go out of order (3) pass through

第28問の答え (2) 再構築する

< restructure >

[ristrʌ́ktʃər]【動詞】再構築する、再編成する

【解説】「リストラ」とすでに日本語になっていますが、restructure は動詞です。TOEIC でも企業のリストラ関連の英文で「再編成する」という意味で使われることが多いです。リスニングセクションのパート(3)、(4)、リーディングセクションのパート(7)などで使われます。

【派生語】restructuring（名）「再編成」、structure（動）「組み立てる」

【類語】establish「設立する」、found「創設する」

【例文】The company is restructuring its organization due to financial difficulties.
訳：その会社は財政難のため、組織を編成し直しています。

【参考】(1) grant (3) alter

第 29 問

< exchange >

この単語の、もっとも適切な日本語を選びなさい。

(1) 交換

(2) 学位

(3) 検査

第 30 問

< experiment >

この単語の、もっとも適切な日本語を選びなさい。

(1) 拡大

(2) 実験

(3) 業務

第29問の答え (1) 交換

< exchange >

[ikstʃéindʒ]【名詞】交換、為替

【解説】動詞の exchange「交換する」とともに、名詞の exchange も日常的によく使います。TOEIC でもリスニング、リーディング両セクションで使われます。為替相場のことを exchange rate と言いますが、為替相場は通貨間の「交換」レートのことなので、この exchange が使われます。

【派生語】exchange（動）「交換する」、exchangeable（形）「交換可能な」

【類語】swap「交換」、trade「交換」、barter「物々交換」

【例文】He made an exchange of his purchased sweater.
訳:彼は買ったセーターを取り替えてもらいました。

【参考】(2) degree (3) checkup

第30問の答え (2) 実験

< experiment >

[ikspérəmənt]【名詞】実験、試み、試験

【解説】リスニングセクションのパート(3)や(4)、リーディングセクションのパート(7)で使われる単語です。化学的な意味の「実験」だけでなく、一般的に「試みること」という意味で使われることもあります。

【派生語】experimental（形）「実験の」、experimentation（名）「実験」

【類語】trial「試み」

【例文】Researchers are conducting experiments to test the car's safety features.
訳:研究者たちは、その車の安全機能をテストする実験を行なっています。

【参考】(1) expansion (3) operation

第 31 問

< application form >

この単語の、もっとも適切な日本語を選びなさい。

(1) 注文用紙

(2) 申込用紙

(3) 評価表

第 32 問

< conference >

この単語の、もっとも適切な日本語を選びなさい。

(1) 会議

(2) 講義

(3) 対話

第31問の答え (2) 申込用紙

< application form >

[ǽplikéiʃən fɔ́:rm] 【名詞】申込用紙、申込書

【解説】ビジネス必須単語なので、リスニングセクション、リーディングセクションの両方でよく使われます。application「申込、応募」、applicant「申込者、応募者」は、パート(5)で「語彙問題」として出題されたこともあります。
【類語】registration form「登録用紙」
【例文】Job candidates must fax their application forms to the human resources department.
訳:求職者は応募用紙をファクスで人事部に送らなければなりません。
【参考】(1) order form (3) evaluation form

第32問の答え (1) 会議

< conference >

[kánfərəns] 【名詞】会議、協議会

【解説】ビジネス必須単語なので、リスニングセクション、リーディングセクションの両方で頻繁に使われます。よく似た意味でconventionという単語がありますが、conferenceは小さい会議から大きい会議、さまざまな会議を指すのに対し、conventionは出席者が地域代表者であるような「大会」を意味する場合に使われます。
【派生語】confer (動)「協議する」
【類語】council「会議、協議」、convention「会議、大会」、congress「議会」
【例文】Representatives from several IT companies will attend the annual technology conference.
訳:IT企業数社の代表が年に1度の技術会議に出席します。
【参考】(2) lecture (3) dialogue

第 33 問

< chairman >

この単語の、もっとも適切な日本語を選びなさい。

(1) 代表者

(2) 監査役

(3) 議長

第 34 問

< whichever >

この単語の、もっとも適切な日本語を選びなさい。

(1) どちらでも

(2) ～するのは何でも

(3) ～する時はいつでも

第33問の答え　(3) 議長

< chairman >

[tʃéərmən]【名詞】議長、委員長、司会者

【解説】リスニングセクションを中心に使われる単語です。動詞の chair「議長を務める」も重要で、Do you know who chairs the next committee?「誰が次回の委員会の議長を務めるか知っていますか？」などのような英文がパート(2)で出ることもあります。

【類語】chair「議長」、chairperson「議長」

【例文】The chairman of the board of directors is also the primary shareholder.
訳：その取締役会の議長は筆頭株主でもあります。

【参考】(1) representative　(2) auditor

第34問の答え　(1) どちらでも

< whichever >

[hwitʃévər]【関係代名詞】どちらでも

【解説】複合関係代名詞です。パート(2)の「応答問題」で時々使われます。「A がいいですか、それとも B がいいですか？」といういわゆる「選択問題」の設問に対し、Whichever you like. や Whichever you prefer. と答えることがあります。どちらも「どちらでもあなたが好きなほう」という意味です。

【類語】whoever「誰でも」、whenever「いつでも」、wherever「どこでも」、whatever「何でも」、however「どんな方法であろうとも」

【例文】You can work on Wednesday or Friday, whichever you prefer.
訳：勤務日は水曜日か金曜日のうち、好きなほうでいいですよ。

【参考】(2) whatever　(3) whenever

第 35 問

< fund-raising >

この単語の、もっとも適切な日本語を選びなさい。

(1) 資金集めの

(2) 財務の

(3) 商業の

第 36 問

< repair >

この単語の、もっとも適切な日本語を選びなさい。

(1) 修理する

(2) 修正する

(3) 見直す

第35問の答え　　(1) 資金集めの

< fund-raising >

[fÁnd rèiziŋ]【形容詞】資金集めの、資金調達の

【解説】アメリカでは税の優遇措置があることやキリスト教の精神が根付いていることなどから、資金集めを目的としたパーティーやディナーなど各種イベントが頻繁に開かれます。そのためか、TOEIC でも fund-raising という単語がよく使われます。fund-raising には名詞としての用法もあります。
【派生語】fund-raiser（名）「資金調達する人」
【例文】There was a fund-raising campaign to help the earthquake survivors.
訳：その地震の被災者を救援しようと、募金活動が実施されました。
【参考】(2) financial　(3) commercial

第36問の答え　　(1) 修理する

< repair >

[ripéər]【動詞】修理する、修繕する

【解説】動詞も名詞も repair です。リスニングセクションのパート(2)の「応答問題」やパート(3)の「会話問題」に出る車の修理に関する話などで動詞および名詞として使われます。リスニングセクションでは repair work「修理工事」という表現も使われることがあるので一緒に覚えましょう。
【派生語】repairman（名）「修理工」
【類語】fix「修理する」、mend「修理する」、service「補修する」
【例文】His automobile was repaired by a skilled mechanic.
訳：彼の自動車は熟練した整備士によって修理されました。
【参考】(2) modify　(3) review

第 37 問

< suppose >

この単語の、もっとも適切な日本語を選びなさい。

(1) 混乱させる

(2) 思う

(3) 認める

第 38 問

< unfortunately >

この単語の、もっとも適切な日本語を選びなさい。

(1) 残念ながら

(2) ありそうもない

(3) 思いがけなく

第37問の答え　(2) 思う

< suppose >
[səpóuz]【動詞】思う、仮定する

【解説】会話でよく使う単語なので、リスニングセクションのパート(3)や(4)で、能動態だけでなく受動態 be supposed to「～することになっている」の形で使われる場合も多いです。
【派生語】supposed（形）「仮定の」、supposedly「おそらく」
【類語】figure「思う」、guess「思う」、assume「推測する」、presume「推測する」
【例文】I suppose the economy will rebound sometime in the future.
訳：景気はやがていつか回復するだろうと思います。
【参考】(1) confuse　(3) acknowledge

第38問の答え　(1) 残念ながら

< unfortunately >
[ʌnfɔ́ːrtʃənətli]【副詞】残念ながら、あいにく、不運にも

【解説】会話でよく使う単語なので、パート(2)の「応答問題」やパート(3)の「会話問題」で使われることが多いです。Unfortunately, I don't know. のように、後ろに否定的な内容が続く場合に使われます。
【派生語】unfortunate（形）「不幸な」、fortunately（副）「幸いにも」
【例文】Unfortunately, the shipment has been delayed due to unforeseen circumstances.
訳：申し訳ありませんが、不測の事態により出荷が遅れています。
【参考】(2) unlikely　(3) unexpectedly

第 39 問

< determine >

この単語の、もっとも適切な日本語を選びなさい。

(1) 影響を与える

(2) 決定する

(3) 解決する

第 40 問

< feedback >

この単語の、もっとも適切な日本語を選びなさい。

(1) 意見

(2) 調査結果

(3) 査定

第39問の答え　　（2）決定する

< determine >
[ditə́ːrmin]【動詞】決定する、決心する

【解説】リスニングセクション、リーディングセクションの両方でよく使われます。パート(2)の「応答問題」で、「誰が〜しますか？」に対する少し難しめの答えとして、It hasn't been determined yet.「まだ決められていません」という表現が出ることもあります。
【派生語】determined（形）「決心した」、determination（名）「決意」
【類語】conclude「結論を下す」、decide「決定する」、resolve「決心する」
【例文】The police are attempting to determine the cause of the fire.
訳：警察は火災原因の特定に努めています。
【参考】(1) affect　(3) settle

第40問の答え　　（1）意見

< feedback >
[fiːdbæk]【名詞】意見、反応

【解説】リスニングセクションのパート(3)や(4)、リーディングセクションのパート(7)などで使われることがある単語です。特にパート(7)の「読解問題」では、survey「調査」に関するストーリーが出ることが時々あり、そのようなストーリーの英文で使われることが多いです。
【類語】reaction「反応」、response「反応」
【例文】The company wanted feedback from the consulting company after the investigation.
訳：その会社は、コンサルタント会社から調査後の評価を聞きたいと思っていました。
【参考】(2) findings　(3) assessment

第 41 問

< architect >

この単語の、もっとも適切な日本語を選びなさい。

(1) 建築家

(2) 請負業者

(3) 配管工

第 42 問

< receptionist >

この単語の、もっとも適切な日本語を選びなさい。

(1) 秘書

(2) 受付係

(3) 同僚

第41問の答え　(1) 建築家

< architect >

[ɑ́ːrkətèkt]【名詞】建築家

【解説】リスニングセクションのパート(2)や(3)でよく使われる単語です。パート(3)の「会話問題」では「話者はこの後、誰に会いますか？」という設問の答えが architect だったりする場合もあります。architecture「建築」が半ば日本語になっているので、architect の意味は簡単に推測できるでしょう。
【派生語】architectural「建築上の」、architecture「建築」
【類語】designer「設計者」、builder「建設業者」
【例文】The new museum will be designed by a famous architect.
訳：新しい博物館は有名な建築家によって設計されます。
【参考】(2) contractor　(3) plumber

第42問の答え　(2) 受付係

< receptionist >

[risépʃənəst]【名詞】受付係、応接係

【解説】パート(3)の「会話問題」で医者や歯医者の受付係と患者との間の予約時間変更に関する会話が出題されることがあり、そこで receptionist「受付（係）」が使われることが多いです。企業の receptionist はわかっても、医者や歯医者でも同様に receptionist という単語が使われることを知らない人が多いです。
【派生語】reception（名）「受付、フロント」、receive（動）「出迎える」
【例文】She enjoyed her work as receptionist because she was able to meet many kinds of people.
訳：さまざまな人に会うことができるので、彼女は受付係としての仕事を楽しいと思いました。
【参考】(1) secretary　(3) colleague

第 43 問

< proposal >

この単語の、もっとも適切な日本語を選びなさい。

(1) 提案

(2) 要約

(3) 戦略

第 44 問

< department >

この単語の、もっとも適切な日本語を選びなさい。

(1) 統計

(2) 昇進

(3) 部署

第43問の答え　(1) 提案

< proposal >

[prəpóuzl]【名詞】提案、計画、申し込み

【解説】ビジネス必須単語で、半分日本語にもなっています。リスニング、リーディング両セクションで頻繁に使われます。名詞の proposal「提案」も動詞の propose「提案する」もパート(5)で「語彙問題」として出題されたこともあるので一緒に覚えましょう。
【類語】suggestion「提案」、proposition「提案」
【例文】We submitted our budget proposal to the headquarters.
訳：われわれは予算案を本社に提出しました。
【参考】(2) summary　(3) strategy

第44問の答え　(3) 部署

< department >

[dipá:rtmənt]【名詞】部署、部、課

【解説】半分日本語にもなっている簡単な単語で、リスニングセクション、リーディングセクションの両方で頻繁に使われます。TOEIC で頻繁に使われる division と意味が似ています。department と division は一緒に覚えましょう。
【派生語】departmental（形）「部署の」
【類語】division「部署」、branch「支社」
【例文】He works in the finance department.
訳：彼は財務部で働いています。
【参考】(1) statistics　(2) promotion

第 45 問

< absolutely >

この単語の、もっとも適切な日本語を選びなさい。

(1) 正確に

(2) 十分に

(3) 絶対に

第 46 問

< definitely >

この単語の、もっとも適切な日本語を選びなさい。

(1) 明確に

(2) 適切に

(3) 結果として

第45問の答え　(3) 絶対に

< absolutely >

[ǽbsəlù:tli]　【副詞】絶対に、完全に、まったく

【解説】リスニングセクションのパート(2)の「応答問題」やパート(3)の「会話問題」で使われることがあります。Definitely.「まったくその通りです」と同様、会話では yes の意味を強調する場合に使われることが多いです。

【派生語】absolute（形）「絶対の」

【類語】definitely「絶対に」、undoubtedly「疑いなく」、entirely「完全に」

【例文】The safety rules must absolutely be obeyed.
訳：安全規則には絶対に従わなければなりません。

【参考】(1) accurately　(2) substantially

第46問の答え　(1) 明確に

< definitely >

[défənətli]　【副詞】明確に、確実に

【解説】日常会話で頻繁に使われる単語です。会話以外で使われる場合は、多少フォーマルな英文で使われます。ビジネス関連の英文で時々使われる動詞の define「明確にする」の意味を知っていれば、definitely の意味は推測できます。

【派生語】definite（形）「明確な」、definition（名）「明確にすること、定義」

【類語】certainly「確かに」、clearly「明らかに」、undoubtedly「疑いなく」

【例文】The delayed construction of the dam will definitely begin next month.
訳：延期されていたそのダムの建設工事は、来月に間違いなく開始されます。

【参考】(2) appropriately　(3) consequently

第 47 問

< cost >

この単語の、もっとも適切な日本語を選びなさい。

(1) (費用が)かかる

(2) 必要とする

(3) 供給する

第 48 問

< receipt >

この単語の、もっとも適切な日本語を選びなさい。

(1) 請求書

(2) 領収書

(3) 割引券

第47問の答え　(1) (費用が) かかる

< cost >

[kɔ́(:)st] 【動詞】(費用が) かかる

【解説】リスニングセクション、リーディングセクションの両方で頻繁に使われる単語です。名詞としての cost「価格、費用」の意味は知っていても、動詞としての使い方を知らない人が多いです。ビジネスでは動詞の cost は頻繁に使われ、必須単語のひとつです。
【派生語】costly（形）「(値段・料金が) 高い」
【類語】amount to...「合計が…になる」、total「合計が～になる」
【例文】How much does it cost for a roundtrip ticket to New York?
訳：ニューヨークまでの往復切符はいくらですか？
【参考】(2) require　(3) supply

第48問の答え　(2) 領収書

< receipt >

[risíːt] 【名詞】領収書、レシート

【解説】簡単な単語ですがビジネス必須単語なので、リスニングセクション、リーディングセクションの両方でよく使われます。パート(5)の「語彙問題」で、reimburse「払い戻す」という単語が出題されることがありますが、「領収書がなければ立て替えた経費の払い戻しはできない」という内容で出ることが多いので、必ずと言っていいほど receipt が一緒に使われます。
【派生語】receive（動）「受け取る」、receivable（名）「売掛金」
【類語】bill「請求書」、voucher「割引券、領収書」
【例文】He must obtain a receipt for all business-related expenses.
訳：彼は仕事上のあらゆる支出に関して領収書を入手しなければなりません。
【参考】(1) invoice　(3) coupon

第 49 問

< employment >

この単語の、もっとも適切な日本語を選びなさい。

(1) 業績

(2) 雇用

(3) 評価

第 50 問

< temporary worker >

この単語の、もっとも適切な日本語を選びなさい。

(1) 労働組合

(2) 新入社員

(3) 臨時職員

第 49 問の答え　　(2) 雇用

< employment >

[emplɔ́imənt] 【名詞】雇用

【解説】リスニングセクション、リーディングセクションの両方で頻繁に使われる簡単な単語です。動詞の employ「雇用する」、名詞の employer「雇用主」、employee「従業員」、employment「雇用」はすべて TOEIC で頻繁に使われる単語です。単語とそれぞれの意味の違いを正確に覚えましょう。
【派生語】unemployment（名）「失業」
【類語】engagement「雇用」、vocation「職業」
【例文】He is seeking employment with a pharmaceutical company.
訳：彼は製薬会社で仕事を探しています。
【参考】(1) performance　(3) evaluation

第 50 問の答え　　(3) 臨時職員

< temporary worker >

[témpərèri wə́ːrkər] 【名詞】臨時職員、パートタイマー

【解説】リスニング、リーディング両セクションで時々使われます。「人手が足りないので臨時職員を雇う」というようなストーリーで使われることが多いです。半分日本語になっており、temporary worker のことを日本語でも「テンプ」と言っています。
【類語】temporary hire「臨時社員、派遣社員」、temp「臨時社員、派遣社員」
【例文】The office hired the college students during the summer as temporary workers.
訳：その事務所は夏休みの間、大学生をアルバイトとして雇いました。
【参考】(1) labor union　(2) recruit

第 51 問

< intensive >

この単語の、もっとも適切な日本語を選びなさい。

(1) 集中的な

(2) 強制的な

(3) 一貫した

第 52 問

< quite >

この単語の、もっとも適切な日本語を選びなさい。

(1) 何とか

(2) 一般に

(3) まったく

第 51 問の答え　　(1) 集中的な

< intensive >

[inténsiv]【形容詞】集中的な、徹底的な

【解説】パート(3)の「会話問題」やパート(7)の「説明文問題」で時々使われる単語で、例文のように intensive training course という表現で使われることが多いです。
【派生語】intensively（副）「集中的に」、intense（形）「集中した、張りつめた」
【類語】concentrated「集中した」、extensive「広範囲にわたる」
【例文】The new hires underwent a five-day intensive training course.
訳：新入社員たちは5日間の集中研修を受けました。
【参考】(2) enforced　(3) consistent

第 52 問の答え　　(3) まったく

< quite >

[kwáit]【副詞】まったく、完全に、かなり

【解説】パート(2)の「応答問題」で時々使われます。パート(2)で時間や数量を聞かれると、具体的な時間や数字で答える場合もありますが、抽象的な言い方で答える場合も多く、そのような設問の正答として、quite a while「かなり長い時間」や quite a lot「極めて多く」のような表現が使われることも多いです。
【類語】completely「完全に、まったく」、entirely「まったく、すっかり」、wholly「まったく、全面的に」
【例文】The staff at the hotel was quite friendly.
訳：ホテルのスタッフは、大変親切でした。
【参考】(1) somehow　(2) generally

第 53 問

< observation >

この単語の、もっとも適切な日本語を選びなさい。

(1) 証明

(2) 所見

(3) 見通し

第 54 問

< decrease >

この単語の、もっとも適切な日本語を選びなさい。

(1) 悪化する

(2) 減少する

(3) 遅らせる

第53問の答え　(2) 所見

< observation >

[àbzərvéiʃən]　【名詞】所見、観察、観測

【解説】observation には「観察、観測」という意味もありますが、TOEIC では「所見」という意味で使われる場合が多いです。頻出単語ではありませんが、リスニングセクションのパート(3)や(4)、リーディングセクションのパート(7)を中心に時々出ます。

【派生語】observe（動）「意見を述べる、観察する」、observer（名）「評論家、観察者」

【類語】comment「意見、所感」、remark「意見、見解」

【例文】The doctor's observations have been noted in the patient's file.
訳：医師の所見がその患者のカルテに記されました。

【参考】(1) proof　(3) outlook

第54問の答え　(2) 減少する

< decrease >

[di:krí:s]　【動詞】減少する、減る

【解説】日常生活でもよく使いますが、「売上が減少する」「生産が減少する」などのように、ビジネス関連の会話やレポートなどで頻繁に使う重要な単語です。「〜パーセント減少する」と言う場合には decrease に前置詞の by を続けて使いますが、この by を問う問題がパート(5)で出題されたことがあります。

【派生語】decreasing（形）「減少しつつある」、decreasingly（副）「次第に減少して」

【類語】downsize「縮小させる」、lower「低下させる」

【例文】Fortunately, the number of accidents at the factory have decreased by 20%.
訳：幸いなことに、その工場での事故件数は20%減少しました。

【参考】(1) worsen　(3) delay

第 55 問

< region >

この単語の、もっとも適切な日本語を選びなさい。

(1) 地域

(2) 部署

(3) 場所

第 56 問

< division >

この単語の、もっとも適切な日本語を選びなさい。

(1) 経営陣

(2) 部署

(3) 人員

第 55 問の答え　(1) 地域

< region >

[ríːdʒən]【名詞】地域、地方、領域

【解説】パート(3)の「会話問題」やパート(7)の「長文読解問題」などで使われる単語です。sales meeting in this region「この地域の営業会議」などのように覚えておけば、仕事でも便利に使えます。

【派生語】regional（形）「地域の」

【類語】area「地域」、district「地区」

【例文】This region of the world has had a number of political conflicts recently.

訳：世界の中でもこの地域では最近、政治上の争いが数多く起こっています。

【参考】(2) department　(3) site

第 56 問の答え　(2) 部署

< division >

[divíʒən]【名詞】部署、部門、分離

【解説】リスニングセクション、リーディングセクションの両方でよく使われます。「〜部」「〜課」の意味で使われることが多く、頻出単語の department と似た意味になります。パート(7)の「読解問題」で、特に手紙やメールで使われることが多い単語です。

【派生語】divide（動）「分ける」

【類語】branch「支社」

【例文】She works for the prescription drug sales division of the pharmaceutical company.

訳：彼女は製薬会社の処方薬販売部門で働いています。

【参考】(1) management　(3) personnel

第 57 問

< fascinate >

この単語の、もっとも適切な日本語を選びなさい。

(1) 賞賛する

(2) 容易にする

(3) 魅了する

第 58 問

< by chance >

この熟語の、もっとも適切な日本語を選びなさい。

(1) 故意に

(2) 偶然に

(3) 平均して

第 57 問の答え　　(3) 魅了する

< fascinate >

[fǽsənèit]【動詞】魅了する、興味をそそる

【解説】リスニングセクション、リーディングセクションの両方で時々使われる単語ですが、受動態で使われることが多いです。また、会話で使われることの多い形容詞の fascinating「魅了的な」も時々出るので、一緒に覚えましょう。
【派生語】fascinating（形）「魅惑的な」、fascination（名）「魅力、魅惑」
【類語】attract「引きつける」
【例文】The students were fascinated by the professor's lecture.
訳：学生たちはその教授の講義に魅了されました。
【参考】(1) admire　(2) facilitate

第 58 問の答え　　(2) 偶然に

< by chance >

【熟語／慣用表現】偶然に

【解説】会話で使われることのほうが多いので、リスニングセクションのパート(2)や(3)で出ることがありますが、頻出表現ではありません。覚えておけば会話で便利に使えます。
【類語】by accident「偶然に」、accidentally「偶然に」、incidentally「偶然に」
【例文】He found a good deal on some real estate by chance.
訳：彼は偶然、不動産の掘り出し物を見つけました。
【参考】(1) on purpose　(3) on average

第 59 問

< aware >

この単語の、もっとも適切な日本語を選びなさい。

(1) 価値のある

(2) 気がついている

(3) 有効な

第 60 問

< remain >

この単語の、もっとも適切な日本語を選びなさい。

(1) 維持する

(2) 思い出させる

(3) 〜のままでいる

【2章 パート2・3によく出る単語・熟語】

第59問の答え （2）気がついている

< aware >

[əwéər]【形容詞】気がついている、知っている

【解説】be 動詞と一緒に使うことが多く、後ろに節が続くときは be aware + that 節、後ろに名詞句が続くときは be aware of となります。be aware that/of を慣用表現として覚えておくといいでしょう。よく使う表現なので、TOEIC でも時々出ます。
【派生語】awareness（名）「認識すること」
【類語】unaware「知らない、気づいていない」
【例文】The company executives were not aware that a potential takeover existed.
訳：その会社の重役は潜在的な買収が起きていることに気づいていませんでした。
【参考】（1）worth （3）valid

第60問の答え （3）〜のままでいる

< remain >

[riméin]【動詞】〜のままでいる

【解説】TOEIC 改変前はパート（5）で、「不完全自動詞 remain の後ろには補語である名詞か形容詞が続く」というポイントを問う問題が出題されたことがありましたが、改変後は出題されていません。最近はリスニングセクションで使われることが多いです。派生語の remaining「残りの」は remaining business day のような表現で、パート（5）で「語彙問題」として出題されています。
【類語】stay「〜のままでいる」、persist「存続する」
【例文】The store remained open throughout the holiday season.
訳：その店は休暇時期中ずっと営業していました。
【参考】（1）maintain （2）remind

第 61 問

< novel >

この単語の、もっとも適切な日本語を選びなさい。

(1) 文学

(2) 伝記

(3) 小説

第 62 問

< relative >

この単語の、もっとも適切な日本語を選びなさい。

(1) 同僚

(2) 教職員

(3) 親類

第 61 問の答え　　**(3) 小説**

< novel >

[návl] 【名詞】小説

【解説】パート(7)の「読解問題」では、書籍やその著者に関する話や、書店での催しなどに関する話が出ることがあり、そのような英文で使われることがあります。頻出単語ではありませんが、リスニングセクションのパート(2)や(3)でも使われます。

【派生語】 novelist（名）「小説家」、novelize（動）「小説化する」

【類語】 fiction「フィクション」、poetry「詩」、biography「伝記」、prose「散文」

【例文】 The novel was about a typical romance between a very beautiful girl and a very rich man.
訳：その小説は、大変美しい少女と大変なお金持ちとの間に芽生えた典型的なロマンスを題材にしたものでした。

【参考】（1）literature　（2）biography

第 62 問の答え　　**(3) 親類**

< relative >

[rélətiv] 【名詞】親類、親族、関係

【解説】パート(2)の「応答問題」やパート(3)の「会話問題」で使われることがあります。単語にrとlの両方が入っているせいか、単語自体は知っていても、音声として流れたときに聞き分けられない人がいます。

【派生語】 related（形）「血縁関係にある」、relation（名）「関係、親戚関係」

【例文】 The Irish-American man stayed with relatives when he visited Ireland.
訳：そのアイルランド系アメリカ人は、アイルランドを訪れた際、親類の家に泊まりました。

【参考】（1）colleague　（2）faculty

第 63 問

< museum >

この単語の、もっとも適切な日本語を選びなさい。

(1) 水族館

(2) 美術館

(3) 遊園地

第 64 問

< dentist >

この単語の、もっとも適切な日本語を選びなさい。

(1) 外科医

(2) 歯科医

(3) 内科医

第63問の答え　　（2）美術館

< museum >

[mju:zíəm]　【名詞】美術館、博物館

【解説】TOEIC必須単語のひとつで、リスニングセクションのパート(2)、(3)、(4)で頻繁に使われます。また、パート(7)の「読解問題」でも museum の展示物に関するお知らせや、museum への年間寄付のお願いに関する内容が出ることがあります。museum は exhibition「展覧会、出品物」と一緒に使われることが多いので、あわせて覚えておきましょう。
【類語】gallery「画廊」、exhibition「展覧会」、collection「所蔵品」
【例文】She went to a modern art exhibition at the museum.
訳：彼女は美術館の現代芸術展に行きました。
【参考】(1) aquarium　(3) amusement park

第64問の答え　　（2）歯科医

< dentist >

[déntəst]　【名詞】歯科医

【解説】パート(3)の「会話問題」で、医者や歯医者の受付係と患者との会話が出題されることがあります。内容は予約時間の変更が大半です。dentist は半分日本語になっている簡単な単語です。
【派生語】dental（形）「歯の、歯科の」
【例文】The dentist recommended that the patient brush his teeth twice a day.
訳：その歯科医は患者に1日2回、歯磨きをするよう勧めました。
【参考】(1) surgeon　(3) physician

受験生コラム

1年で380点UPしたOさんの奮闘記①

　教室参加者の中には2か月の受講期間直後に一気に200点近くUPさせ、一度で900点を突破する人もいますが、努力を重ねて1年で380点UPさせ、希望をかなえた人もいます。以下に紹介するのは努力を重ねて念願の「マーケティング部」への異動をかなえた某メーカー勤務の女性Oさん35歳の記録です。

　会社の合併後、本気で英語に取り組み始める。目標は社内で募集する募集要件TOEIC600点以上が条件の英語研修に参加すること。

2008年11月　　勉強開始前のTOEICは470点。
2009年1月　　某英語専門学校のTOEICコース受講。ここで文法の基礎を復習する。
2009年3月　　受講後に受験したTOEICで660点。
2009年5～7月　同専門学校に通学し続けるも、スコアはほとんど上がらない。何をしたら良いのか分からずモチベーションダウン。ここの先輩受講者から「千本ノック」を教えてもらいTOEIC攻略に開眼。
2009年8月　　著者中村先生の単発のリーディングセミナーに参加。パート5の演習にまったく

受験生コラム

	ついていかれずショックを受ける。文法の弱さがスコア向上の妨げになっていることを痛感。同専門学校への通学を継続する。もちろん家でも勉強。
2009年9月	テスト当日、リーディング時間中にトイレに駆け込みタイムロスするもスコアは775点。夢かと思う。
2009年11月	中村先生の単発のリスニングセミナーを受講。やっとリスニングパートの攻略方法と出会えた気持ちになる。
2009年12月	785点の自己ベストで年内TOEICを締めくくるが、800点の壁にもがく。中村先生の教室に参加。
2010年1月	815点をゲット。得点源はリスニング。中村先生の教えどおり。専門学校への通学はまだまだ継続。
2010年5月	800点台の安定スコアがなかなかとれないので、単発のリスニングセミナー、リーディングセミナーそれぞれ2回目の参加。TOEIC対策は中村先生一筋に絞る。

(以下、179ページに続く)

3章

パート4によく出る単語・熟語

【パート4】

リスニングセクション、パート4の「説明文問題」によく出る単語・熟語を集めました。

これまでのパートに比べると、難しめの単語やビジネスで使われる単語も多くふくまれています。

第1問

< underway >

この単語の、もっとも適切な日本語を選びなさい。

(1) 進行中で

(2) 空いている

(3) 複雑な

第2問

< inconvenience >

この単語の、もっとも適切な日本語を選びなさい。

(1) 心配

(2) 不便

(3) 脅し

第1問の答え　(1) 進行中で

< underway >

[ʌ̀ndərwéi]【形容詞】進行中で

【解説】リスニングセクションのパート(2)、(3)、(4)などで使われます。Construction is underway.「工事が進行中だ」のような英文で使われることが多いです。
【類語】in progress「進行中で」、ongoing「進行中の」
【例文】Plans are underway for a new shopping mall to be built on Route 11.
訳：国道11号線沿いに建設される新しいショッピングモールの計画が進行中です。
【参考】(2) vacant　(3) complicated

第2問の答え　(2) 不便

< inconvenience >

[ìnkənvíːnjəns]【名詞】不便、不自由、迷惑

【解説】パート(3)の「会話問題」やパート(7)の「読解問題」で、商品やサービスの不備などで顧客に迷惑をかけた会社が謝罪する内容が出ることがありますが、そのような英文で I am sorry for the inconvenience 〜 . などのような表現が出ることが多く、そこで使われる単語です。覚えておけば仕事で便利に使えます。
【派生語】inconvenience（動）「不便をかける」、inconvenient（形）「不便な」
【例文】After the shipping delay, he apologized to his client for the inconvenience.
訳：出荷が遅れたために、彼は取引先に迷惑をかけたことを謝罪しました。
【参考】(1) concern　(3) threat

第3問

< stop by >

この熟語の、もっとも適切な日本語を選びなさい。

(1) 遵守する

(2) 立ち寄る

(3) 参照する

第4問

< previously >

この単語の、もっとも適切な日本語を選びなさい。

(1) 特に

(2) まもなく

(3) 以前に

第3問の答え　(2) 立ち寄る

< stop by >
【熟語／慣用表現】立ち寄る

【解説】日常的にもよく使われますが、ビジネスでも「書類を渡すために立ち寄る」「アドバイスをするために立ち寄る」などの場面で頻繁に使われます。そのため、パート(2)の「応答問題」やパート(3)の「会話問題」などで時々使われる表現です。

【類語】drop by「立ち寄る」、stop in「立ち寄る」

【例文】On her way home from work, she stopped by the theater to pick up her ticket.
訳：彼女は会社から帰宅する途中、チケットを受け取りに劇場に寄りました。

【参考】(1) abide by　(3) refer to

第4問の答え　(3) 以前に

< previously >
[príːviəsli]【副詞】以前に、前もって、あらかじめ

【解説】日常、ビジネス両方の場面でよく使われる単語です。リスニング、リーディング両セクションを通して時々目にする単語です。previously は、previously described「前述の」、previously stated「既発表の」などのように、ビジネス関連のミーティングやプレゼンテーションで便利に使えます。

【派生語】previous（形）「以前の」

【類語】formerly「以前に」、beforehand「前もって」

【例文】Previously, he was employed at the prestigious investment bank.
訳：彼は以前、その有名な投資銀行に勤めていました。

【参考】(1) particularly　(2) shortly

第5問

< career >

この単語の、もっとも適切な日本語を選びなさい。

(1) 分野

(2) 取引

(3) 職業

第6問

< extension >

この単語の、もっとも適切な日本語を選びなさい。

(1) 内線

(2) 締切

(3) 累積

第5問の答え　(3) 職業

< career >

[kəríər]【名詞】職業、経歴

【解説】パート(4)の「説明文問題」やパート(7)の「読解問題」などで使われます。すでに日本語になっていますが、日本語で使われている「キャリア」と同じ単語だということを知らない人が少なからずいます。英語で使う際はアクセントの位置に気をつけましょう。
【類語】 occupation「職業」、profession「職業」.
【例文】 She is seeking a career in the medical field.
訳：彼女は医療分野での仕事を探しています。
【参考】(1) field　(2) deal

第6問の答え　(1) 内線

< extension >

[iksténʃən]【名詞】内線、延長、範囲、延期

【解説】「内線」という意味としての extension は仕事上必要な単語です。TOEIC でもリスニングセクションのパート(2)の「応答問題」やパート(3)の「会話問題」で時々使われます。外資系企業で仕事をしている人は知っていますが、そうでない人の中には知らない人が少なからずいます。
【派生語】 extend（動）「伸びる」、extensive（形）「広範囲に及ぶ」
【類語】 area code「市外局番」、country code「国番号」
【例文】 The operator at the bank headquarters told the customer the extension of the party with whom he wished to speak.
訳：銀行本店のオペレーターはその顧客に、つないでほしいと言われた相手先の内線番号を伝えました。
【参考】(2) deadline　(3) accumulation

第 7 問

< respondent >

この単語の、もっとも適切な日本語を選びなさい。

(1) アンケート

(2) 回答者

(3) 監督者

第 8 問

< refreshment >

この単語の、もっとも適切な日本語を選びなさい。

(1) 軽食

(2) 食欲

(3) 冷蔵庫

第7問の答え　(2) 回答者

< respondent >
[rispándənt]【名詞】回答者、応答者

【解説】パート(4)の「説明文問題」やパート(7)の「読解問題」で調査に関する話が出ることがあり、そのような英文ではsurvey「調査」やrespondent「回答者」といった単語がよく使われます。ビジネスではマーケティング調査のように調査をすることが多いので、頻繁に使われる重要な単語です。
【派生語】respond（動）「回答する」、response（名）「回答」
【例文】Seventy-five percent of the survey respondents consider price an important factor.
訳：調査に回答した人の75％が価格を重要な要素だと考えています。
【参考】(1) questionnaire　(3) supervisor

第8問の答え　(1) 軽食

< refreshment >
[rifréʃmənt]【名詞】軽食、飲み物、元気回復

【解説】「軽食、飲み物」という意味で、コーヒー、紅茶、クッキーやサンドイッチなどを指します。Refreshments will be served after the meeting. などのようにビジネスの現場でもよく使います。TOEICでは主にリスニングセクションで使われます。
【派生語】refresh（動）「気分をさわやかにする」、refreshing（形）「元気づけるような」
【類語】snack「軽食」、light meal「軽食」
【例文】Refreshments will be served in the lounge prior to dinner.
訳：ディナーの前にラウンジで軽食が出ます。
【参考】(2) appetite　(3) refrigerator

第 9 問

< generous >

この単語の、もっとも適切な日本語を選びなさい。

(1) 寛大な

(2) 繁栄している

(3) 適度な

第 10 問

< contain >

この単語の、もっとも適切な日本語を選びなさい。

(1) 含む

(2) 保つ

(3) 維持する

第9問の答え　(1) 寛大な

< generous >

[dʒénərəs]【形容詞】寛大な、寛容な、豊富な

【解説】頻繁に使われる単語で、TOEIC でもリスニングセクション、リーディングセクションの両方で使われます。ビジネスでは謝礼の手紙などでも generous contribution「寛大な貢献/寄付」、generous hospitality「気前のよいもてなし」といった表現で、よく使われます。
【派生語】generously（副）「寛大に」、generosity（名）「寛容さ」
【類語】charitable「気前のよい」
【例文】The wealthy businessman made a generous donation to charity.
訳：その裕福な実業家は、慈善事業に多額の寄付をしました。
【参考】(2) prosperous　(3) modest

第10問の答え　(1) 含む

< contain >

[kəntéin]【動詞】含む

【解説】リスニングセクション、リーディングセクションの両方で使われる単語ですが、container「容器、コンテナ」という名詞が半分日本語になっているので、意味はある程度推測できるのではないでしょうか。パート(5)の「語彙問題」で間違いの選択肢として使われることもあります。
【派生語】container（名）「容器」、containable（形）「含有できる」
【類語】hold「含んでいる」、enclose「同封する」
【例文】This envelope contains the warranty card and receipt for the product.
訳：この封筒には製品の保証書と領収書が入っています。
【参考】(2) retain　(3) sustain

第 11 問

< delay >

この単語の、もっとも適切な日本語を選びなさい。

(1) 再開する

(2) 遅らせる

(3) 始める

第 12 問

< departure >

この単語の、もっとも適切な日本語を選びなさい。

(1) 目的地

(2) 到着

(3) 出発

第11問の答え　(2) 遅らせる

< delay >
[diléi]【動詞】遅らせる、遅れる

【解説】自動詞の用法も他動詞の用法もありますが、他動詞のdelayがリスニング、リーディング両セクションでよく使われます。Shipment is delayed.「出荷が遅れている」という表現で使われる場合が多いです。パート(4)の「説明文問題」で使われる時は、例文のように「飛行機が遅れる」という意味の英文で使われることが多いです。

【類語】retard「遅らせる」、drag「だらだら長引かせる」、lag「遅れる、遅れさせる」

【例文】Due to the bad weather, the flight was delayed.
訳:悪天候のため、その飛行機は遅れました。

【参考】(1) resume　(3) commence

第12問の答え　(3) 出発

< departure >
[dipá:rtʃər]【名詞】出発

【解説】departure time「出発時間」、departure date「出発日」などのような表現が、リスニングセクションのパート(3)やパート(4)で使われます。パート(4)で使われる場合は、「悪天候のために飛行機の到着が遅れたため、出発時間が変更になる」というようなストーリーで使われることが多いです。

【派生語】depart(動)「出発する」

【類語】arrival「到着」

【例文】Because of the storm, the departure time for Flight 112 has been changed.
訳:嵐のため、112便の出発時刻が変更されました。

【参考】(1) destination　(2) arrival

第 13 問

< transit >

この単語の、もっとも適切な日本語を選びなさい。

(1) 転勤

(2) 取引

(3) 通過

第 14 問

< passenger >

この単語の、もっとも適切な日本語を選びなさい。

(1) 通勤者

(2) 乗客

(3) 顧客

第13問の答え　　　(3) 通過

< transit >

[trǽnsət]　【名詞】通過、運送、運輸

【解説】リスニングセクションのパート(3)や(4)で使われる単語です。これらのパートでは、空港での会話や放送、また旅行社からの留守番電話への録音メッセージなどが出ることがあり、その中で使われることが多いです。海外旅行の経験が豊富な人には聞き慣れた単語です。「運送、運輸」という意味も大事です。
【派生語】transition（名）「変遷」、transitional（形）「移り変わる」
【類語】pass「通過」
【例文】The passenger was in Narita, in transit between Canada and Hong Kong.
訳：その乗客はカナダから香港へ向かう途中、乗り継ぎのために成田にいました。
【参考】(1) transfer　(2) transaction

第14問の答え　　　(2) 乗客

< passenger >

[pǽsəndʒər]　【名詞】乗客、旅客

【解説】簡単な単語ですが、パート(1)の「写真描写問題」とパート(4)の「説明文問題」でよく使われる単語です。パート(1)でも、パート(4)でも、動詞の board「搭乗する、～に搭乗させる」とともに使われることが多いです。board も一緒に覚えましょう。
【類語】passer-by「通行人」
【例文】Passengers can board the plane at Gate 3A.
訳：乗客は 3A ゲートから飛行機に搭乗できます。
【参考】(1) commuter　(3) customer

第 15 問

< transport >

この単語の、もっとも適切な日本語を選びなさい。

(1) 国際宅配便

(2) 通勤

(3) 運送

第 16 問

< avoid >

この単語の、もっとも適切な日本語を選びなさい。

(1) 避ける

(2) 妨げる

(3) 制限する

第15問の答え　(3) 運送

< transport >

[trǽnspɔːrt]　【名詞】運送、輸送

【解説】リスニングセクションのパート(4)の「説明文問題」や、リーディングセクションのパート(7)の「読解問題」で主に使われる単語です。派生語の transportation「輸送、交通機関」は、public transportation「公共交通機関」という表現を問う問題として、パート(5)で数度出題されています。
【類語】transit「運送、運搬」、transfer「移送」
【例文】The method of transport for delivery is printed on the purchase order.
訳：配送物の運送方法は、購入注文書に印刷されています。
【参考】(1) courier　(2) commute

第16問の答え　(1) 避ける

< avoid >

[əvɔ́id]　【動詞】避ける、敬遠する

【解説】avoid は他動詞で、後ろには動名詞が続きます。以前パート(5)で時々出題されていた「後ろに不定詞が続くのか、動名詞が続くのかを問う問題」の出題は最近少なくなりましたが、「avoid の後ろには動名詞が続く」と覚えておきましょう。リスニングセクション、リーディングセクションの両方で使われます。
【派生語】avoidance（名）「回避」、avoidable（形）「避けられる」
【例文】Farmers are trying to avoid using harmful chemicals on their crops.
訳：農家は有害な化学薬品を作物に使わないように努めています。
【参考】(2) prevent　(3) restrict

第 17 問

< climate >

この単語の、もっとも適切な日本語を選びなさい。

(1) 予報

(2) 気候

(3) 災害

第 18 問

< celebrate >

この単語の、もっとも適切な日本語を選びなさい。

(1) 保証する

(2) 感謝する

(3) 祝う

第17問の答え　(2) 気候

< climate >
[kláimət]【名詞】気候

【解説】パート(4)の「説明文問題」で時々出題される天気予報で、必ずと言っていいほど使われる単語です。天気以外にも business climate「ビジネス環境」、work climate「職場風土」などのように、「環境、風土」などの意味でも使われます。
【派生語】climatic（形）「気候上の」
【類語】weather「天気」、atmosphere「大気、雰囲気」
【例文】The climate in Southeast Asia is hot and humid in the summertime.
訳：夏季の東南アジアの気候は高温多湿です。
【参考】(1) forecast　(3) disaster

第18問の答え　(3) 祝う

< celebrate >
[séləbrèit]【動詞】祝う

【解説】パート(4)の「説明文問題」やパート(7)の「読解問題」で使われます。パート(7)ではイベントへの招待状やイベントの案内文が出ることが多く、そのような英文で使われたりします。動詞 celebrate の分詞 celebrating を問う問題も、パート(5)で数度出題されています。
【派生語】celebration（名）「祝うこと」
【類語】commemorate「祝う」
【例文】They had a party to celebrate the successful completion of their project.
訳：彼らはプロジェクトが首尾よく完成したことを祝うパーティーを開きました。
【参考】(1) guarantee　(2) appreciate

第 19 問

< anniversary >

この単語の、もっとも適切な日本語を選びなさい。

(1) 祭り

(2) 祝賀

(3) 記念日

第 20 問

< retirement >

この単語の、もっとも適切な日本語を選びなさい。

(1) 退職

(2) 職歴

(3) 手順

第19問の答え　(3) 記念日

< anniversary >

[ænəvə́ːrsəri]【名詞】記念日

【解説】リスニング、リーディングどちらのセクションで出ても、例文のように celebrate the anniversary of「〜の記念日を祝う」のような表現で使われることが多いです。この celebrate the anniversary of の形で覚えるといいでしょう。
【類語】centenary「100周年」
【例文】The restaurant is celebrating the 40th anniversary of its opening.
訳：そのレストランは開業40周年を祝っています。
【参考】(1) festival　(2) celebration

第20問の答え　(1) 退職

< retirement >

[ritáiərmənt]【名詞】退職

【解説】動詞の retire とともにリスニングセクション、リーディングセクションの両方によく出る単語です。リスニングセクションでは退職後の後任人事に関する話、退職パーティーでのあいさつ、リーディングセクションでは退職パーティーの案内状などが出ることがあり、そのような英文で使われます。
【派生語】retire（動）「定年退職する」、retired（形）「定年退職した」、retiree（名）「定年退職者」
【類語】early retirement「早期退職」
【例文】He sets money aside monthly to save for his retirement which will take place when he reaches 65.
訳：彼は65歳での退職に備えて毎月貯金をしています。
【参考】(2) career　(3) procedure

第 21 問

< proper >

この単語の、もっとも適切な日本語を選びなさい。

(1) 適切な

(2) 関連のある

(3) 絶対的な

第 22 問

< practical >

この単語の、もっとも適切な日本語を選びなさい。

(1) 統計上の

(2) 手ごろな価格の

(3) 実用的な

第21問の答え　(1) 適切な

< proper >

[prápər]【形容詞】適切な、正式の

【解説】よく使う「適切な」という意味以外に、「正式の」という意味もあります。「正式の」という意味も覚えておきましょう。TOEIC では、リスニングセクション、リーディングセクションの両方で時々使われます。

【派生語】properly（副）「適切に」、properness（名）「妥当性」、improper（形）「不適切な」

【類語】appropriate「適切な」、suitable「適している」、adequate「適正な、十分な」

【例文】The teacher has instructed his students about proper behavior in the classroom.
訳：教師は教室内でとるべき適切な態度について生徒たちを指導しました。

【参考】(2) relevant　(3) absolute

第22問の答え　(3) 実用的な

< practical >

[præktikl]【形容詞】実用的な、実際的に役立つ

【解説】パート(4)の「説明文問題」やパート(7)の「読解問題」で使われることがあります。商品や技術などは practical でなければ利益につながらないので、ビジネスでは大事な概念であり、その意味で重要な単語です。

【派生語】practice（名）「実践」、practically（副）「実際に」

【類語】applicable「適用できる」、working「実用的な」

【例文】We are seeking practical solutions for improving our business procedures.
訳：私たちは業務手続き改善のための実用的な解決策を探しています。

【参考】(1) statistical　(2) affordable

第 23 問

< routine >

この単語の、もっとも適切な日本語を選びなさい。

(1) 日常業務

(2) 義務

(3) 習慣

第 24 問

< initiate >

この単語の、もっとも適切な日本語を選びなさい。

(1) 公開する

(2) 鼓舞する

(3) 始める

第23問の答え　(1) 日常業務

< routine >

[ruːtíːn] 【名詞】日常業務、日常の仕事、日課、所定の手順

【解説】ビジネス必須単語なので、リスニングセクション、リーディングセクションの両方で使われます。半分日本語になっているので「ルーティーン」とカタカナでは知っていても、文字として見たときに、この単語だと気づかない人がいます。副詞の routinely もパート(5)で出題されています。
【派生語】routinely（副）「日常的に」
【類語】everyday work「日常業務」
【例文】Responding to his client's e-mails is a part of his daily routine.
訳：取引先からの電子メールに返答することは彼の日常業務の一部です。
【参考】(2) obligation　(3) custom

第24問の答え　(3) 始める

< initiate >

[iníʃièit] 【動詞】始める、起こす、教える、発議する

【解説】パート(4)の「説明文問題」やパート(7)の「読解問題」で使われることがあります。多少難しい単語ですが、名詞の initiative「主導、自発性」がすでに日本語になっているので、意味は推測できるのではないでしょうか。
【派生語】initial（形）「最初の」、initiative（名）「先制、主導権」、initiation（名）「開始、始動」
【類語】commence「開始する」、launch「開始する」
【例文】Airports will be initiating new security procedures starting next year.
訳：各空港は来年から新たな警備手順を導入することになっています。
【参考】(1) disclose　(2) inspire

第 25 問

< take place >

この熟語の、もっとも適切な日本語を選びなさい。

(1) もたらす

(2) 集まる

(3) 行なわれる

第 26 問

< opportunity >

この単語の、もっとも適切な日本語を選びなさい。

(1) 機会

(2) 利点

(3) 見通し

第25問の答え (3) 行なわれる

< take place >

【熟語/慣用表現】行なわれる、起こる、生じる

【解説】リスニングセクションのパート(2)、(3)、(4)で時々使われる表現です。使い方をマスターすれば英会話で便利に使えます。「行われる」以外にも、「起こる」という意味でもよく使われます。

【類語】happen「行われる」、occur「起きる」

【例文】The reception took place last Monday.
訳:レセプションは先週の月曜日に開かれました。

【参考】(1) bring about (2) get together

第26問の答え (1) 機会

< opportunity >

[àpərt(j)úːnəti]【名詞】機会、チャンス

【解説】ビジネス必須単語だからか、パート(5)で「語彙問題」として何度も出題されています。ビジネスでは、「〜の市場には利益を上げる機会がある」のような表現で使われることが多く、経済学でも opportunity cost「機会費用」、opportunity loss「機会損失」などのような表現が頻繁に使われます。

【派生語】opportune(形)「時宜を得た」

【類語】chance「機会」

【例文】Our company is seeking business opportunities in South America.
訳:わが社は南米でのビジネスチャンスを模索しています。

【参考】(2) advantage (3) prospect

第 27 問

< operation >

この単語の、もっとも適切な日本語を選びなさい。

(1) 生産性

(2) 業務

(3) 行動

第 28 問

< profit >

この単語の、もっとも適切な日本語を選びなさい。

(1) 売上高

(2) 財産

(3) 利益

第 27 問の答え　　　（2）業務

< operation >

[àpəréiʃən]【名詞】業務、操作、作業、運転

【解説】 operation は「業務」の他にも「操作、作業、運転」などさまざまな意味を表す、ビジネス上重要な単語です。半分日本語になっていますが、「操作、運転」という意味は知っていても、「業務」という意味があることを知らない人が結構います。リスニングセクション、リーディングセクションの両方で使われます。
【派生語】 operate（動）「操作する」、operational（形）「操作の、操作可能な」
【類語】 assignment「任務」、duties「職務」、responsibility「職責」
【例文】 A consultant was brought in to streamline the daily operation of our organization.
訳：われわれの組織の日常業務を合理化するためにコンサルタントが送り込まれました。
【参考】（1）productivity　（3）activity

第 28 問の答え　　　（3）利益

< profit >

[práfət]【名詞】利益、収益、もうけ

【解説】 企業の財務関連のレポートなどでは必ず使われます。ビジネス必須単語なので、リスニングセクション、リーディングセクションともによく使われます。半分日本語になっているので知らない人はあまりいないと思います。
【派生語】 profitable（形）「利益になる」、profitably（副）「有益に」、profitability（名）「収益性」
【類語】 gain「利益」、margin「利益」、earnings「事業収益」、return「利益」
【例文】 Their profits are increasing due to lower production costs.
訳：製造原価が下がったため彼らの利益は増大しています。
【参考】（1）sales　（2）property

第 29 問

< interest rate >

この単語の、もっとも適切な日本語を選びなさい。

(1) 為替相場

(2) 成長率

(3) 金利

第 30 問

< publicity >

この単語の、もっとも適切な日本語を選びなさい。

(1) 定期刊行物

(2) 出版物

(3) 宣伝広報

第29問の答え　　（3）金利

< interest rate >

[íntərəst rèit]　【名詞】金利、利率

【解説】ビジネス必須単語です。パート(3)、(4)、パート(7)で出題されることがあります。公定歩合と金利を混同している人が少なくありませんが、公定歩合は official discount rate で、interest rate とは異なります。公定歩合という単語は TOEIC ではあまり使われません。

【類語】debt「借金」、lender「貸し手」、borrower「借り手」、mortgage「抵当、担保」、collateral「担保」

【例文】After my late payment, the credit card company raised my interest rate.
訳：支払いが遅れたため、クレジットカード会社は私の金利を引き上げました。

【参考】(1) exchange rate　(2) growth rate

第30問の答え　　（3）宣伝広報

< publicity >

[pʌblísəti]　【名詞】宣伝広報、広告、知れ渡ること、周知

【解説】ビジネスには広告、宣伝や広報がつきものなので、ビジネスシーンでよく使われる単語です。TOEIC ではパート(3)の「会話問題」、パート(4)の「説明文問題」、パート(7)の「読解問題」などで使われます。

【派生語】publicize（動）「宣伝する、公にする」、public（形）「周知の」

【類語】advertisement「広告」、commercial「（テレビ・ラジオでの）宣伝」、promotion「広報宣伝、販売促進」

【例文】The famous French jewelry company had a large budget allotted for publicity.
訳：有名なフランスの宝石会社は、多額の予算を宣伝に割り当てていました。

【参考】(1) periodical　(2) publication

第 31 問

< publisher >

この単語の、もっとも適切な日本語を選びなさい。

(1) 出版社

(2) 図書館司書

(3) 批評家

第 32 問

< author >

この単語の、もっとも適切な日本語を選びなさい。

(1) 詩人

(2) 著者

(3) 編集者

第 31 問の答え　　(1) 出版社

< publisher >
[pʌ́bliʃər]【名詞】出版社、発行者

【解説】新聞、雑誌、書籍など出版物に関する話が時々出ます。その際に publisher「出版社」、editor「編集者」、edition「版」など、出版関連の単語が使われることがあります。パート(4)の「説明文問題」やパート(7)の「読解問題」で使われる単語です。
【派生語】publish（動）「出版する」、publication（名）「出版物」
【類語】issue「(出版物の) 号」、volume「(出版物の) 巻、冊」
【例文】The author sent a copy of his new novel to various publishers.
訳：その著者は自分の新しい小説の原稿をいろいろな出版社に送りました。
【参考】(2) librarian　(3) critic

第 32 問の答え　　(2) 著者

< author >
[ɔ́:θər]【名詞】著者、作者、作家

【解説】パート(3)の「会話問題」やパート(7)の「読解問題」などで時々使われる単語です。novel「小説」がともに使われることが多いので、一緒に覚えましょう。
【派生語】authority（名）「権威、権限」
【類語】writer「筆者」、novelist「小説家」
【例文】The author of the book was interviewed by a reporter.
訳：その本の著者は記者のインタビューを受けました。
【参考】(1) poet　(3) editor

第 33 問

< innovation >

この単語の、もっとも適切な日本語を選びなさい。

(1) 再構築

(2) 革新

(3) 装置

第 34 問

< up-to-date >

この単語の、もっとも適切な日本語を選びなさい。

(1) 以前の

(2) 最近の

(3) 最新の

【3章 パート4によく出る単語・熟語】 159

第33問の答え　(2) 革新

< innovation >

[ínəvéiʃən]【名詞】革新、刷新、新しい事(物)

【解説】ビジネス関連の英文でよく使われます。動詞の innovate「革新する」、形容詞の innovative「革新的な」とともにリーディングセクションを中心に使われることが多いです。半分日本語になっているので意味は推測できると思います。

【派生語】innovate（動）「革新する」、innovative（形）「革新的な」、innovator（名）「革新者」

【類語】creation「創造」、invention「発明」

【例文】Some of the latest innovations in hybrid technology were displayed at the motor show.
訳：ハイブリッド技術を利用した最新の製品のうちいくつかが、モーターショーで展示されました。

【参考】(1) restructure　(3) device

第34問の答え　(3) 最新の

< up-to-date >

[áp tə deít]【形容詞】最新の、最新式の

【解説】ビジネス関連の英文でもよく使われる表現です。そのためリスニング、リーディング両セクションで時々使われます。技術を表す場合が多いですが、他にもファッションを形容したり、He has up-to-date ideas. のように人の考えなどを修飾する場合にも使われます。

【類語】current「最新の」、latest「最新の」、up-to-the-minute「最新の」

【例文】The product information on the company's website is usually kept up-to-date.
訳：その会社のウェブサイトに掲載される製品情報はいつも最新のものに更新されています。

【参考】(1) previous　(2) recent

第 35 問

< invention >

この単語の、もっとも適切な日本語を選びなさい。

(1) 露出

(2) 製造

(3) 発明

第 36 問

< customize >

この単語の、もっとも適切な日本語を選びなさい。

(1) 注文に応じて特製する

(2) 専門とする

(3) 近代化する

第35問の答え (3) 発明

< invention >

[invénʃən]【名詞】発明、考案、発明品

【解説】ビジネスの相手に新製品を売り込む場合などに使います。パート(4)の「説明文問題」やパート(7)の「読解問題」などで使われる単語です。過去にはパート(5)で「品詞問題」として出題されたこともありましたが、最近は出ていません。
【派生語】invent（動）「発明する」、inventive（形）「発明の」
【例文】The engineer filed for a patent for his invention.
訳：その技術者は、自分の発明の特許を申請しました。
【参考】(1) exposure (2) manufacture

第36問の答え (1) 注文に応じて特製する

< customize >

[kʌ́stəmàiz]【動詞】注文に応じて特製する、カスタマイズする

【解説】半分日本語になっている簡単な単語です。TOEICでもパート(4)の「説明文問題」やパート(7)の「読解問題」などで使われます。
【派生語】customizable（形）「特注可能な」、customization（名）「特別注文、オーダーメイド」
【類語】made-to-order「オーダーメイドの」、tailor-made「オーダーメイドの」
【例文】This new software can be customized according to your needs.
訳：この新しいソフトウェアは、あなたのニーズに応じてカスタマイズできます。
【参考】(2) specialize (3) modernize

第 37 問

< vending machine >

この単語の、もっとも適切な日本語を選びなさい。

(1) 自動販売機

(2) 駐車場

(3) 折りたたみ椅子

第 38 問

< accessible >

この単語の、もっとも適切な日本語を選びなさい。

(1) 目に見えない

(2) 実現可能な

(3) 到達できる

第37問の答え　(1) 自動販売機

< vending machine >

[véndiŋ məʃíːn]【名詞】自動販売機

【解説】日常的に使われる単語なので覚えておくと便利です。パート(4)の「説明文問題」やパート(7)の「読解問題」で使われることがあります。治安の関係か、アメリカでは日本のように屋外のあちこちに自動販売機が設置されていることはありません。
【類語】dispenser「自動販売機」
【例文】Almost any kind of drink can be bought from a vending machine.
訳：ほぼ全種類の飲料が自動販売機で買えます。
【参考】(2) parking lot　(3) folding chair

第38問の答え　(3) 到達できる

< accessible >

[æksésəbl]【形容詞】到達できる、入手しやすい、利用しやすい

【解説】TOEICでは「到達できる」という意味で使われることが多いのですが、ビジネスでは「入手しやすい」や「利用しやすい」という意味でもよく使われます。リスニング、リーディング両セクションを通して時々使われます。
【派生語】access（名）「交通の便、利用・入手の権利・方法」
【類語】obtainable「入手可能な」
【例文】The resort hotel on the island is accessible only by the hotel's plane.
訳：その島にあるリゾートホテルへ行くには、そのホテルの飛行機を利用するしかありません。
【参考】(1) invisible　(2) feasible

第 39 問

< metropolitan >

この単語の、もっとも適切な日本語を選びなさい。

(1) 住宅の

(2) 地域の

(3) 首都圏の

第 40 問

< following >

この単語の、もっとも適切な日本語を選びなさい。

(1) 前の

(2) 以下の

(3) 来たる

第39問の答え　(3) 首都圏の

< metropolitan >

[mètrəpálətn]【形容詞】首都圏の、大都市の、主要都市の

【解説】ニューヨークに有名な the Metropolitan Museum of Art「メトロポリタン美術館」があります。日本でも東京の地下鉄のことを東京メトロと呼んでいて半ば日本語になっているので、意味は推測できるはずです。パート(4)やパート(7)で使われる単語です。
【派生語】metropolis（名）「主要都市、(商業・文化) 中心地」
【類語】urban「都市の」
【例文】Metropolitan areas tend to have more crime than rural areas.
訳：首都圏では地方に比べて犯罪が起こりやすい傾向があります。
【参考】(1) residential　(2) regional

第40問の答え　(2) 以下の

< following >

[fálouiŋ]【形容詞】以下の、次の、続く

【解説】リーディングセクションパート(6)と(7)で、Questions 160-165 refer to the following article. のように問題文の前の説明文に使われているので、見慣れた単語だと思います。もちろん、問題文中でもよく使われます。使い方を覚えておけば仕事でのメールなどで便利に使えます。
【派生語】follow（動）「〜に続く」、the following「下記の事項」
【類語】succeeding「続く」
【例文】After reading the following report, please sign it and return it in the envelope provided.
訳：以下の報告書を読んだ後、署名し、支給された封筒に入れてお戻しください。
【参考】(1) previous　(3) upcoming

第 41 問

< emergency >

この単語の、もっとも適切な日本語を選びなさい。

(1) 救済策

(2) 警報

(3) 緊急事態

第 42 問

< evacuate >

この単語の、もっとも適切な日本語を選びなさい。

(1) 実行する

(2) 避難する

(3) 取り除く

第41問の答え　(3) 緊急事態

< emergency >
[imə́:rdʒənsi] 【名詞】緊急事態、非常の場合

【解説】主にリスニングセクションのパート(2)、(3)、(4)で使われる単語です。日本でも公共機関やホテルなどで emergency と書かれた英語表示を見かけることが多くなりました。
【派生語】emerge（動）「出現する」、emergence（名）「出現」
【類語】contingency「不慮の事態」
【例文】The firefighters and rescue teams responded to the emergency call.
訳：消防士とレスキュー隊は、緊急出動の要請に応じました。
【参考】(1) remedy　(2) alarm

第42問の答え　(2) 避難する

< evacuate >
[ivǽkjuèit] 【動詞】避難する、立ちのく、撤退する

【解説】Please evacuate from the building. や Please evacuate from your home. などのような英文が、火災や地震や台風などのような緊急時の放送では、必ず使われます。TOEIC では主にリスニングセクションで使われます。
【派生語】evacuation（名）「避難」
【類語】vacate「(建物から) 退去する」、abandon「(場所を) 去る」、desert「(土地・場所を) 見捨てる」
【例文】Aid workers helped in evacuating residents from the disaster area.
訳：救援隊員たちは被災地から住民たちを避難させる手伝いをしました。
【参考】(1) fulfill　(3) remove

第 43 問

< alarm >

この単語の、もっとも適切な日本語を選びなさい。

(1) 安全

(2) 警報

(3) 通知

第 44 問

< post >

この単語の、もっとも適切な日本語を選びなさい。

(1)（掲示物を）貼る

(2) 報道する

(3) 提出する

第 43 問の答え　　(2) 警報

< alarm >

[əláːrm]【名詞】警報

【解説】リスニングセクション、リーディングセクションの両方で使われる単語です。「警報」という意味の名詞 alarm は半分日本語になっているので誰もが知っています。名詞以外に動詞の「不安にさせる、おびえさせる」という意味でも使われます。
【派生語】alarming(形)「驚くべき、不安にさせる」、alarmingly(副)「驚くほど」
【類語】alert「警報」、caution「注意」、warning「警告、警報」
【例文】The smoke alarm was set off by a fire in the kitchen.
訳：台所での火事によって火災探知機が作動しました。
【参考】(1) security　(3) notice

第 44 問の答え　　(1) (掲示物を)貼る

< post >

[póust]【動詞】(掲示物を)貼る、掲示する

【解説】他にも名詞で「地位」、動詞で「配置する」などの意味もあり、これらの意味での post もパート(3)やパート(4)などで使われることもあります。「(掲示物を) 貼る」という意味での post は、パート(3)や(4)以外にもパート(1)の「写真描写問題」で使われることがあります。
【類語】put up「貼り出す」
【例文】The police posted a notice warning pedestrians against purse snatchers.
訳：警察は、ひったくりに注意するようにと歩行者へ呼びかける警告文を掲示しました。
【参考】(2) cover　(3) submit

第 45 問

< arise >

この単語の、もっとも適切な日本語を選びなさい。

(1) 生じる

(2) 修正する

(3) 調達する

第 46 問

< as long as >

この熟語の、もっとも適切な日本語を選びなさい。

(1) 〜である限り

(2) 〜するやいなや

(3) 〜と同じ量だけ

第45問の答え　(1) 生じる

< arise >
[əráiz]【動詞】生じる、起こる

【解説】TOEIC では、例文のように「問題が生じる」という文脈で使われることが多いです。仕事で使う場合も同様で、覚えておけば便利に使えます。パート(4)の「説明文問題」やパート(7)の「読解問題」で使われます。
【類語】occur「起きる」、emerge「(問題が) 現れる」
【例文】Many significant problems arose with regard to dealing with developing countries.
訳：開発途上国への対処方法について重大な問題が数多く生じました。
【参考】(2) amend　(3) procure

第46問の答え　(1) 〜である限り

< as long as >
【熟語／慣用表現】〜である限り、〜の間は

【解説】日常会話でよく使われるせいか、主にリスニングセクションで使われる熟語です。TOEIC 改変前はパート(5)で「熟語問題」として出題されたことがありますが、最近は出題されていません。パート(7)の「読解問題」で使われることもあります。
【類語】as far as「〜に関する限りでは」、insofar as「〜する限りにおいて」
【例文】The company picnic will be held on Sunday as long as it doesn't rain.
訳：会社のピクニックは、雨天でない限り日曜日に行なわれる予定です。
【参考】(2) as soon as　(3) as much as

第 47 問

< hire >

この単語の、もっとも適切な日本語を選びなさい。

(1) 保全する

(2) 雇う

(3) 面接する

第 48 問

< neighborhood >

この単語の、もっとも適切な日本語を選びなさい。

(1) 近所

(2) 境界

(3) 郊外

第47問の答え　(2) 雇う

< hire >

[háiər]【動詞】雇う、借りる

【解説】リスニングセクション、リーディングセクションの両方で頻繁に使われる単語です。リーディングセクションではどちらかと言うともう少しフォーマルなemployのほうが使用頻度は高いのですが、リスニングセクションでは会話表現であるhireのほうがよく使われます。
【派生語】hire（名）「(新人)従業員」
【類語】employ「雇う」、dismiss「解雇する」
【例文】The company is prepared to hire new employees.
訳：その会社では新入社員を雇う準備が整っています。
【参考】(1) conserve　(3) interview

第48問の答え　(1) 近所

< neighborhood >

[néibərhùd]【名詞】近所

【解説】リスニングセクションを中心に使われます。neighborhoodを知らなくても、neighbor「隣人、近く」という単語からその意味を推測することができます。neighborhoodやchildhoodのように語尾に-hoodがつくと「性質、状態、集団」などを表す名詞になります。
【派生語】neighbor（名）「隣人」、（動）「隣接する」
【例文】This neighborhood is home to a number of historical landmarks.
訳：この近辺には名所旧跡がたくさんあります。
【参考】(2) boundary　(3) suburb

第 49 問

< confident >

この単語の、もっとも適切な日本語を選びなさい。

(1) きわめて重要な

(2) 本物の

(3) 確信している

第 50 問

< conscious >

この単語の、もっとも適切な日本語を選びなさい。

(1) 独自の

(2) 意識のある

(3) 繊細な

第49問の答え　(3) 確信している

< confident >

[kánfidnt]【形容詞】確信している、自信のある

【解説】パート(4)の「説明文問題」やパート(7)の「読解問題」を中心に使われる単語です。be confident of、be confident about、be confident in、be confident that などの形で使われることが多く、覚えておけば仕事でも便利に使えます。
【派生語】confidence（名）「確信、信用」、confidential（形）「秘密の」
【類語】assured「確信している」、doubtless「疑いがない」
【例文】Her boss is confident in her ability to deal with clients effectively.
訳：上司は、彼女には取引先とうまく対応する能力があると確信しています。
【参考】(1) essential　(2) authentic

第50問の答え　(2) 意識のある

< conscious >

[kánʃəs]【形容詞】意識のある、気づいている

【解説】be conscious of「〜を意識している、〜を自覚している」という表現で使われることが多いです。「〜を忘れないで」という、動詞で言えば remind に近いニュアンスがあります。TOEIC でも時々使われます。
【派生語】consciously（副）「意識的に」、consciousness（名）「意識」、unconscious（形）「無意識の」
【類語】aware「〜に気づいて」
【例文】Companies are becoming increasingly environmentally conscious.
訳：企業は環境問題をますます意識するようになっています。
【参考】(1) unique　(3) sensitive

第 51 問

< tip >

この単語の、もっとも適切な日本語を選びなさい。

(1) 秘訣

(2) 手がかり

(3) 欠陥

第 52 問

< lawsuit >

この単語の、もっとも適切な日本語を選びなさい。

(1) 裁判所

(2) 裁判

(3) 訴訟

【3章 パート4によく出る単語・熟語】 177

第51問の答え　　　（1）秘訣

< tip >
[típ]【名詞】秘訣、内報、チップ

【解説】「ヒント」という意味でよく使われる単語で、覚えておくと便利に使えます。TOEICではパート(7)の「読解問題」で使われることがありますが、使用頻度は低いです。レストランなどでの「チップ」という場合もこの単語を使いますが、「チップ」という意味でのtipはTOEICには出ません。
【類語】hint「ヒント」、clue「手がかり」、secret「秘訣」、key「手がかり、秘訣」
【例文】The speaker at the seminar gave tips on how to be successful in business.
訳：セミナーの講師はビジネスで成功する秘訣を教えました。
【参考】(2) clue　(3) defect

第52問の答え　　　（3）訴訟

< lawsuit >
[lɔ́:sù:t]【名詞】訴訟、告訴

【解説】ビジネスに訴訟は付きものなので、その意味では重要な単語です。law「法律」とsuit「訴訟」が合わさった単語なので、それぞれの意味を知っていればlawsuitの意味も推測できます。
【類語】suit「訴訟」、proceeding「訴訟手続」、litigation「訴訟」、trial「裁判」
【例文】She filed a lawsuit against him for sexual harassment.
訳：彼女は彼をセクハラで告訴しました。
【参考】(1) court　(2) trial

> 受験生コラム

1年で380点UPしたOさんの奮闘記②

(124ページ続き)

2010年7月	815点を再ゲット。900点を目指したい。
2010年9月	中村先生の教室に2度目の参加。さすがに中村先生に顔を覚えてもらっている。800点を超えたので英会話学校への通学をスタート。900点をとりたい！ 830点をゲット。
2010年10月	英語を使う念願の本社マーケティング業務に異動。通訳の勉強をスタート。
2010年12月	850点をゲット。いまだに弱点は「文法」。FOREST を手放せない。
2011年3月	申し込み済み。目指すは900点超え！

　念願がかなって移動できたマーケティング部は英語を使う部署で、異動と同時に周囲から語学力を期待されるので、手始めにと通訳の勉強を始めました。少し前まで470点だった自分が、まさか2年後には通訳の勉強をしているとは考えてもみませんでした。今は毎週6時間、新しい学校での授業に出席しています。「TOEIC800点以上ならペラペラ」というのはかなり幻想に近いと私自身は感じていますが、必要な語彙力、文法、スピードの基本はTOEIC

受験生コラム

の勉強を通じて固めることができたと確信しています。

900点はできるだけ近い将来実現したい夢ですが、900点を超えたとしても、受験は継続していきたいと思います。たかがTOEICだとか、900点以上は点取りゲームのようで意味がなく、会話の方が重要だとか、いろいろ言われますが、私はTOEICの勉強を通じて多くのことを学び、無駄なことは一つもなかったと感じています。TOEIC試験は決して万能ではありませんが、英語力の中で必要条件の一つだと考えています。

それと、私は中村先生にとても感謝しています。暗闇の中を手探りで歩くような感じで、最初は本当に心細い気持ちでTOEICの勉強を始めましたが、先生のリーディングセミナーを初めて受講した時に、女性で活き活きと、力強く、自分の道を歩まれて指導されている姿に、私はTOEIC対策と同じか、それ以上に強烈な刺激を受けました。

私は一会社員に過ぎませんが、これからも努力を続けて、世の中に何か少しでも夢や勇気を与えられる仕事をしたいと思いますし、先生のように、希望を与えることのできる人間に、これからも成長していきたいと思っています。

4章

パート5・6によく出る単語・熟語

【パート5 & 6】

リーディングセクション、パート5の「短文穴埋め問題」とパート6の「長文穴埋め問題」によく出る単語・熟語を集めました。

パート5、6では語彙、熟語問題が半分、パート6では手紙やメール、記事や広告文に出る語彙、熟語の出題も多いです。

第 1 問

< leading >

この単語の、もっとも適切な日本語を選びなさい。

(1) やりがいのある

(2) 優れた

(3) 主要な

第 2 問

< dominant >

この単語の、もっとも適切な日本語を選びなさい。

(1) 支配的な

(2) 停滞した

(3) 国内の

第1問の答え (3) 主要な

< leading >

[líːdiŋ]【形容詞】主要な、一流の、先導する、先頭の

【解説】leading company「大手企業」、leading bank「主要銀行」、leading automobile company「主要自動車会社」などのようにビジネス関連の英文で頻繁に使われる重要な単語です。リスニング、リーディング両セクションで使われますが、パート(5)では「語彙問題」としても数度出題されています。
【派生語】lead（動）「率いる、先導する」、leader（名）「業界トップの会社」
【類語】key「主要な」、predominant「主要な、卓越した」、primary「主要な」
【例文】HAL Tech is the leading provider of IT solutions in Japan.
訳:ハルテック社は日本における IT ソリューションの大手提供会社です。
【参考】(1) challenging (2) outstanding

第2問の答え (1) 支配的な

< dominant >

[dámənənt]【形容詞】支配的な、有力な、主要な

【解説】dominant market「支配的市場」や dominant opinion「有力な意見」のようにビジネス関連の英文でもよく使われる単語です。そのせいかパート(5)で「語彙問題」として出題されています。ビジネス関連の英文でよく使われます。
【派生語】dominate（動）「支配する」、dominance（名）「支配、優勢」
【類語】predominant「支配的な」、primary「第一の」
【例文】The French luxury goods company was the dominant supplier of goods at the airport duty-free shops.
訳:高級品を扱っているそのフランスの会社が、空港の免税店に独占的に商品を卸していました。
【参考】(2) stagnant (3) domestic

第 3 問

< available >

この単語の、もっとも適切な日本語を選びなさい。

(1) 効果的な

(2) 予想できる

(3) 入手可能な

第 4 問

< appreciation >

この単語の、もっとも適切な日本語を選びなさい。

(1) 感謝

(2) 償却

(3) 交渉

第3問の答え　(3) 入手可能な

< available >

[əvéiləbl]【形容詞】入手可能な、利用できる

【解説】「入手可能な、使用可能な、利用可能な」という意味の単語で、パート(5)で「語彙問題」として時々出題されます。名詞の後ろに空欄があり、その名詞を後ろから修飾する形で出題されることもあれば、be 動詞の後ろが空欄になっている形で出題されることもあります。日常的にもビジネスでもよく使われます。
【派生語】availability（名）「入手可能性、都合」
【類語】accessible「利用しやすい」、obtainable「入手しやすい」
【例文】Because the materials were not available in the bookstore, we went to look for them in the National Library.
訳：その資料が書店になかったので、私たちは国立図書館へ探しに行きました。
【参考】(1) effective　(2) predictable

第4問の答え　(1) 感謝

< appreciation >

[əprì:ʃiéiʃən]【名詞】感謝、認識

【解説】show appreciation、express appreciation、extend appreciation などの表現は、ビジネスでのメールや手紙でよく使われます。パート(6)の「短文穴埋め問題」やパート(7)の「読解問題」だけでなく、パート(5)で「語彙問題」としても出題されています。
【派生語】appreciate（動）「感謝する」、appreciative（形）「感謝している」、appreciatively（副）「感謝の気持ちで」
【類語】gratitude「感謝」、gratefulness「感謝（の気持ち）」
【例文】The salesman extended his appreciation to his regular customer.
訳：その営業担当者は自分の常連客に感謝の意を伝えました。
【参考】(2) depreciation　(3) negotiation

第5問

< apology >

この単語の、もっとも適切な日本語を選びなさい。

(1) 同情

(2) 謝罪

(3) 感謝

第6問

< substantially >

この単語の、もっとも適切な日本語を選びなさい。

(1) 意図して

(2) 十分に

(3) 個別的に

第5問の答え　(2) 謝罪

< apology >
[əpάlədʒi]【名詞】謝罪

【解説】ビジネス関連の手紙やメールでよく使われるので、パート(6)の「長文穴埋め問題」やパート(7)の「読解問題」の中のメールや手紙でよく使われます。TOEIC必須単語であるappreciation「感謝」と使い方が似ていて、show one's apologies、express one's apologies、extend one's apologies などの表現で使われることが多いです。
【派生語】apologize（動）「謝罪する」、apologetic（形）「謝罪の」、apologetically（副）「申し訳なさそうに」
【類語】regret「遺憾の意」
【例文】The department store extended apologies to the customer for the delayed delivery.
訳：その百貨店は、商品の運配について顧客に謝罪しました。
【参考】(1) sympathy　(3) appreciation

第6問の答え　(2) 十分に

< substantially >
[səbstǽnʃəli]【副詞】十分に、大いに、かなり

【解説】形容詞の substantial「十分な」とともに、パート(5)で数度出題されています。「十分に」という意味を表す副詞は他に sufficiently があり、substantially も同様にパート(5)で出題されています。substantially と sufficiently は一緒に覚えましょう。
【派生語】substantial（形）「かなりの、相当な」、substance（名）「実体、重要性」
【類語】considerably「かなり」、extensively「大規模に」、tremendously「大いに」
【例文】The success of the plan depends substantially on how much capital can be raised.
訳：その計画が成功するかどうかは、どれだけの資金を集められるかに大きくかかっています。
【参考】(1) intentionally　(3) individually

第7問

< address >

この単語の、もっとも適切な日本語を選びなさい。

(1) 要約する

(2) 結論づける

(3) (問題を)扱う

第8問

< recover >

この単語の、もっとも適切な日本語を選びなさい。

(1) 取り戻す

(2) 差し控える

(3) 公表する

第7問の答え　(3)(問題を)扱う

< address >

[ədrés]【動詞】(問題を)扱う、演説する、話しかける

【解説】パート(5)で「語彙問題」として数度出題されています。よく知られている「言う、演説する」という意味での出題もありますが、「(問題を)扱う」という意味での出題もあります。「(問題を)扱う」という意味で使う場合には、address the problems のように使います。「言う、演説する」の意味では、パート(5)以外でも時々使われます。

【類語】cope with「〜(問題)に対処する」、handle「(問題に)対処する」、tackle「(問題に)取り組む」

【例文】This toll-free number will address problems concerning machinery operation.
訳：このフリーダイヤルサービスでは機械操作上の問題についてお答えしています。

【参考】(1) summarize　(2) conclude

第8問の答え　(1) 取り戻す

< recover >

[rikʌ́vər]【動詞】取り戻す、回復する

【解説】recover loss「損失を取り戻す」という表現がビジネス関連のレポートなどでよく使われます。この recover loss という表現を問う問題がパート(5)で「熟語問題」として出題されたことがあります。ビジネス必須表現です。recoup loss という言い方をする場合もあります。

【派生語】recovery（名）「回復」

【類語】recoup「(損失を)取り戻す」、retrieve「取り戻す」

【例文】The electronics company attempted to recover losses by withdrawing from unprofitable markets.
訳：その電機メーカーは、採算が取れない市場から撤退することで、損失を埋め合わせようとしました。

【参考】(2) refrain　(3) release

第 9 問

< exclusively >

この単語の、もっとも適切な日本語を選びなさい。

(1) 広範囲に

(2) 独占的に

(3) 例外的に

第 10 問

< accurately >

この単語の、もっとも適切な日本語を選びなさい。

(1) 正確に

(2) 特に

(3) ついに

第9問の答え　(2) 独占的に

< exclusively >

[iksklú:sivli]【副詞】独占的に、排他的に、まったく～のみ

【解説】ビジネス必須単語で、契約の際などによく使われます。そのためか、パート(5)の「語彙問題」で数度出題されています。形容詞の exclusive「独占的な」もパート(5)の「語彙問題」で数度出題されているので一緒に覚えましょう。

【派生語】exclusive「会員制の、排他的な」、exclusion「排除、除外」

【類語】predominantly「独占的に」

【例文】This jewelry design is sold exclusively at Stein's Department Store.
訳：その宝石のデザインはスタイン百貨店でのみ販売されています。

【参考】(1) extensively　(3) exceptionally

第10問の答え　(1) 正確に

< accurately >

[ǽkjərətli]【副詞】正確に、的確に

【解説】パート(5)で時々出る単語です。さまざまな副詞から文意が通るものを選ぶというタイプの問題で出ることが多いですが、accurately を選ぶ問題の場合、英文の構造が少しだけ複雑になっていることも少なくありません。パート(5)以外でも使われます。

【派生語】accurate（形）「正確な」、accuracy（名）「正確さ」、inaccurate（形）「不正確な」

【類語】exactly「正確に」、precisely「正確に」、properly「適切に」

【例文】The weather forecasters have not been predicting the weather accurately recently.
訳：気象予報官たちはこのところ天気を正確に予測していません。

【参考】(2) specifically　(3) finally

第 11 問

< expire >

この単語の、もっとも適切な日本語を選びなさい。

(1) 期限が切れる

(2) 払い戻す

(3) 延期する

第 12 問

< guarantee >

この単語の、もっとも適切な日本語を選びなさい。

(1) 確保する

(2) 承認する

(3) 保証する

第11問の答え　(1) 期限が切れる

< expire >

[ikspáiər]【動詞】期限が切れる、満了する

【解説】リスニングセクション、リーディングセクションの両方でよく使われる単語です。パート(5)の「語彙問題」としても、名詞 expiration とともに数度出題されたことがあります。ビジネスでは「契約期間が完了する」という英文で使うことが多く、TOEIC でもそのような意味の英文でよく使われます。
【類語】discontinue「中断する」、terminate「終了する」、suspend「一時中断する」
【例文】Our contract is set to expire in January.
訳：われわれの契約は1月に切れることになっています。
【参考】(2) reimburse　(3) postpone

第12問の答え　(3) 保証する

< guarantee >

[gærəntí:]【動詞】保証する

【解説】半分日本語になっている簡単な単語です。ビジネスでよく使われるせいかパート(5)の「語彙問題」で数度出題されています。
【派生語】guarantor（名）「保証人」、guaranty（名）「保証契約」
【類語】certify「保証する、証明する」、assure「保証する」、ensure「保証する」
【例文】The leather company guaranteed the bag for five years.
訳：皮革製品会社はそのカバンに5年間の保証を付けました。
【参考】(1) secure　(2) approve

第 13 問

< commitment >

この単語の、もっとも適切な日本語を選びなさい。

(1) 約束

(2) 入会

(3) 達成

第 14 問

< subscriber >

この単語の、もっとも適切な日本語を選びなさい。

(1) 回答者

(2) 加入者

(3) 参加者

第 13 問の答え　　(1) 約束

< commitment >

[kəmítmənt]【名詞】約束、公約、義務、献身

【解説】パート(5)で「品詞問題」や「語彙問題」として出題されました。また、commitment to の後ろに続く動名詞を選ぶ問題として出題されたこともあります。commitment にはさまざまな意味がありますが、ビジネスでよく使うのは「確約、約束」という意味で、TOEIC もこの意味で出ることが多いです。
【派生語】commit（動）「約束する」、committed（形）「関わり合った、献身的な」
【類語】duty「責務」、engagement「約束」
【例文】The pop singer has made a two-year commitment with a recording company.
訳：そのポップシンガーはレコード会社と2年間の契約を交わしました。
【参考】(2) enrollment　(3) achievement

第 14 問の答え　　(2) 加入者

< subscriber >

[səbskráibər]【名詞】加入者、定期購読者

【解説】パート(5)の「語彙問題」で数度出題されています。よく知られている「定期購読者」という意味を問う問題も出題されていますが、知らない人の多い（電話やインターネットサービスなどの）「加入者」という意味でも出題されています。それぞれ大事なので両方の意味を覚えましょう。
【派生語】subscribe（動）「会員登録する、定期購読する」、subscription「加入、定期購読」
【類語】registrant「登録者」
【例文】The telephone service subscriber complained about his bill.
訳：その電話サービス会社の利用者は請求書について苦情を申し立てました。
【参考】(1) respondent　(3) participant

第 15 問

< pursue >

この単語の、もっとも適切な日本語を選びなさい。

(1) 気付く

(2) 追求する

(3) 確信させる

第 16 問

< rather than >

この熟語の、もっとも適切な日本語を選びなさい。

(1) 〜より少ない

(2) 〜より多い

(3) 〜よりむしろ…

第15問の答え (2) 追求する

< pursue >

[pərs(j)úː]【動詞】追求する、追跡する、続ける

【解説】日常的にも使いますが、pursue a profit「利益を追求する」、pursue the Chinese market「中国市場を追求する」などのようにビジネス関連の英文でも使います。そのためか、パート(5)で「語彙問題」として出題されたことがあります。
【派生語】pursuit(名)「追求」
【類語】quest「探し求める」、search for「探し求める」
【例文】The company is pursuing its interests in Southeast Asia.
訳：その会社は東南アジアで利益を追求しています。
【参考】(1) perceive (3) convince

第16問の答え (3) 〜よりむしろ…

< rather than >

【熟語/慣用表現】〜よりむしろ…

【解説】A rather than B「BよりむしろA」という表現を問う問題が、パート(5)の「熟語問題」で数度出題されています。日常的にもビジネスでもよく使われる表現なので、パート(5)以外でも、リスニング、リーディング両セクションを通して時々使われます。
【類語】instead of「〜ではなく」
【例文】The young college graduate prefers to work at an IT company rather than an established financial company.
訳：大学を卒業したその若者は、名の知れた金融会社よりIT企業で働きたいと思っています。
【参考】(1) less than (2) more than

第 17 問

< in addition to >

この熟語の、もっとも適切な日本語を選びなさい。

(1) 〜と交換に

(2) 〜に加えて

(3) 〜よりむしろ

第 18 問

< defective >

この単語の、もっとも適切な日本語を選びなさい。

(1) それぞれの

(2) 特徴的な

(3) 欠陥のある

第17問の答え　(2) ～に加えて

< in addition to >
【熟語／慣用表現】～に加えて、～の他に

【解説】A in addition to B「B に加えて A」という表現は、ビジネス関連の英文でよく使われます。そのため、パート(5)で「熟語問題」として使われることがあります。覚えておけば仕事で英文を書く際に重宝します。

【例文】The cosmetics company gives customers a gift in addition to any purchases.
訳：その化粧品会社は、商品の購入者全員にプレゼントを贈っています。

【参考】(1) in exchange for　(3) rather than

第18問の答え　(3) 欠陥のある

< defective >
[dəféktiv]【形容詞】欠陥のある、欠点のある、不完全な

【解説】ビジネス必須単語で、特にメーカーで頻繁に使われる単語です。パート(7)の「読解問題」で使われることもありますが、パート(5)で「語彙問題」として出題されたこともあります。名詞の defect「欠陥」もパート(5)やパート(7)で使われるので、一緒に覚えましょう。

【派生語】defect（名）「欠陥、不具合」
【類語】faulty「欠陥のある」、flawed「欠陥のある」
【例文】We called the appliance store to replace our defective TV set.
訳：私たちは欠陥品のテレビを取り替えてもらおうと、その家電店に電話しました。

【参考】(1) respective　(2) distinctive

第 19 問

< set up >

この熟語の、もっとも適切な日本語を選びなさい。

(1) 調べる

(2) 準備する

(3) (文書を)作成する

第 20 問

< effective >

この単語の、もっとも適切な日本語を選びなさい。

(1) 熱望している

(2) 有効な

(3) 情報を与える

第19問の答え　(2) 準備する

< set up >

【熟語／慣用表現】 準備する、設定する、設立する

【解説】 set up にはさまざまな意味がありますが、パート(5)の「語彙問題」で「準備する」という意味を問う問題として出題されたことがあります。TOEIC では set up a conference call「電話会議の準備をする」という表現が出ることが多いです。パート(4)やパート(7)では「設立する」という意味で使われることがあります。

【類語】 arrange「(会議の) 準備をする」、schedule「(会議を) 予定する」、call「(会議を) 招集する」

【例文】 A conference was set up between the Japanese TV manufacturer and the Thai plant managers.
訳：その日本のテレビ製造メーカーとタイの工場管理者との話し合いの場である会議が準備されました。

【参考】 (1) look up　(3) draw up

第20問の答え　(2) 有効な

< effective >

[iféktiv]【形容詞】有効な、効果的な、効力のある

【解説】「効果的な」という意味は知っていても、「有効な」という意味を知らない人がいます。「効果的な」という意味の effective を問う問題に加え、「有効な」という意味の effective を問う問題もパート(5)の「語彙問題」で出題されました。effective from「〜(日付など) から有効な」という表現はビジネス関連の英文で頻繁に使われます。

【派生語】 effect (名)「効果」、effectively (副)「効果的に」、effectiveness (名)「有効性」、ineffective (形)「効果のない、無効な」

【類語】 valid「(切符・パスポートなどが) 有効な」

【例文】 The new fee schedule will become effective from next month.
訳：その新料金体系は来月から実施されます。

【参考】 (1) eager　(3) informative

第 21 問

< place an order >

この熟語の、もっとも適切な日本語を選びなさい。

(1) 発注する

(2) 役割を果たす

(3) 休憩を取る

第 22 問

< be capable of >

この熟語の、もっとも適切な日本語を選びなさい。

(1) 〜できる

(2) 〜に専念する

(3) 〜を条件とする

【4章 パート5・6によく出る単語・熟語】 203

第21問の答え　(1) 発注する

< place an order >
【熟語／慣用表現】発注する、注文する

【解説】ビジネス必須表現です。ビジネス会話だけでなく、ビジネス関連の英文でも頻繁に使われます。パート(5)で「熟語問題」として出題されたことがありますが、リスニングセクションのパート(2)や(3)でも使われます。
【類語】fill an order「注文に応じる」、receive an order「受注する」
【例文】The furniture company placed an order for the new line of fabric.
訳：その家具会社は新製品の布地を注文しました。
【参考】(2) play a role　(3) take a break

第22問の答え　(1) 〜できる

< be capable of >
【熟語／慣用表現】〜できる、〜する能力・才能がある

【解説】簡単な熟語ですが、パート(5)の「熟語問題」で出題されることがあります。似た意味の be able to は人しか主語にすることができませんが、be capable of は人が主語になることも物が主語になることもあります。
【類語】be able to「〜することができる」、be qualified for「〜に適任である」
【例文】The plant in China is capable of producing 500 TV sets per day.
訳：中国にあるその工場には、一日500台のテレビを生産する能力があります。
【参考】(2) be devoted to　(3) be subject to

第 23 問

< periodically >

この単語の、もっとも適切な日本語を選びなさい。

(1) 定期的に

(2) 一時的に

(3) すぐに

第 24 問

< valued >

この単語の、もっとも適切な日本語を選びなさい。

(1) 可能性がある

(2) 貴重な

(3) 有能な

第23問の答え　(1) 定期的に

< periodically >

[pìəriɑ́dikəli]【副詞】定期的に、周期的に

【解説】パート(5)の「適切な意味の副詞を選ぶ問題」で出題されたことがあります。名詞の period「期間」はすでに日本語として使われているので、period の副詞ではないかと考えれば意味は推測できるはずです。他のパートでも時々使われる単語です。
【派生語】periodical（形）「定期的な」(名)「定期刊行物」、period（名）「期間」
【類語】regularly「定期的に」、sequentially「連続して」、successively「連続して」
【例文】The factory was periodically inspected for safety.
訳：その工場では、定期的に安全点検が行なわれていました。
【参考】(2) temporarily　(3) immediately

第24問の答え　(2) 貴重な

< valued >

[vǽlju:d]【形容詞】貴重な、高く評価された

【解説】パート(5)の「語彙問題」として数度出題されています。似た意味の単語 valuable を正答として選ぶ問題も出題されます。valuable は客観的に価値がある場合に使い、valued は本人が価値があるとする場合に使われることが多いです。
【派生語】value（名）「価値」、valuables（名）「貴重品」、valuable（形）「高価な、貴重な」
【類語】precious「貴重な」
【例文】Since you are a valued customer, we can offer you a special discount.
訳：お客様は大事なお得意様なので、特別割引を提供することができます。
【参考】(1) potential　(3) competent

第 25 問

< liaison >

この単語の、もっとも適切な日本語を選びなさい。

(1) 連絡窓口

(2) 福利厚生手当

(3) 取引

第 26 問

< conveniently >

この単語の、もっとも適切な日本語を選びなさい。

(1) 徹底的に

(2) 熱心に

(3) 便利よく

第 25 問の答え　　（1）連絡窓口

< liaison >

[liéizn]【名詞】連絡窓口、連絡

【解説】海外とやり取りをしている部署や、外資系企業ではカタカナで日本語のように使われているビジネス必須単語です。パート(5)の出題語彙もビジネス関連のものにシフトしてきているせいか、パート(5)で「語彙問題」として出題されています。

【類語】contact person「担当者、連絡窓口」

【例文】The American company established its China liaison company in Hong Kong.
訳：そのアメリカの会社は、中国における連絡事務所を香港に構えました。

【参考】（2）fringe benefit　（3）deal

第 26 問の答え　　（3）便利よく

< conveniently >

[kənví:niəntli]【副詞】便利よく、好都合に

【解説】大半の人が知っている単語で、パート(5)で「適切な意味の副詞を選ぶ問題」として出題されたことがあります。その際に使われた conveniently located という表現は、ビジネス関連の英文でも時々使われます。

【派生語】convenient（形）「便利な」、convenience（名）「便利なこと、利便性」

【例文】The company headquarters are conveniently located near the government offices.
訳：その会社の本社は、官庁街近くの便利のいいところにあります。

【参考】（1）thoroughly　（2）enthusiastically

第 27 問

< devote >

この単語の、もっとも適切な日本語を選びなさい。

(1) 捧げる

(2) 授与する

(3) 提供する

第 28 問

< memorable >

この単語の、もっとも適切な日本語を選びなさい。

(1) 記憶すべき

(2) 理にかなった

(3) かなりの

第 27 問の答え　　(1) 捧げる

< devote >

[divóut]【動詞】捧げる、専念する

【解説】「他動詞 devote の後ろには動名詞が続く」という点を問う問題が、パート(5)の「文法問題」で出題されたことがあります。devote は、He devoted himself to studying English. のように「devote + oneself + to + 動名詞」の形で使われることが多いです。

【派生語】 devotion（名）「献身」、devoted（形）「献身的な」、devotedly（副）「献身的に」

【類語】 dedicate「捧げる」、commit「傾倒する」

【例文】 She has devoted a lot of time to this project.
訳：彼女はこのプロジェクトに多くの時間をかけました。

【参考】(2) award　(3) offer

第 28 問の答え　　(1) 記憶すべき

< memorable >

[mémərəbl]【形容詞】記憶すべき、記憶に残る、印象的な

【解説】パート(5)で時々出題されます。「語彙問題」として出題されることもあれば、「品詞問題」として出題されることもあります。「語尾に -able がつく単語は形容詞」と覚えておけば「品詞問題」で出題されたときに正解できます。

【派生語】 memory（名）「記憶」、memorize（動）「記憶する」

【類語】 unforgettable「忘れられない」、remarkable「注目すべき」

【例文】 Celebrating the 10th anniversary of the company founding was memorable for the young entrepreneur.
訳：会社の創立 10 周年を祝うことは、その若き起業家にとって、思い出深いものでした。

【参考】(2) reasonable　(3) considerable

第 29 問

< critical >

この単語の、もっとも適切な日本語を選びなさい。

(1) 重大な

(2) 事務の

(3) 犯罪の

第 30 問

< impending >

この単語の、もっとも適切な日本語を選びなさい。

(1) 拡大している

(2) 奮起させる

(3) 差し迫った

第29問の答え　(1) 重大な

< critical >

[krítikl]【形容詞】重大な、決定的な、批判的な、危機の

【解説】「批判的な」や「危機の」という意味は知っていても、「重大な」という意味を知らない人がいます。「重大な」という意味の critical を問う問題がパート(5)の「語彙問題」で出題されたことがあります。この意味での critical はビジネス関連の英文でも時々使われます。

【派生語】critically（副）「決定的に、批判的に」、criticize（動）「批判する」、critic（名）「批評家」、criticism（名）「批評」

【類語】crucial「重大な」、key「重要な」、vital「非常に重要な」

【例文】Creating an effective advertising campaign is critical to increasing sales.
訳：効果的な広告活動を展開することが、売上を伸ばすために重要な要素です。

【参考】(2) clerical　(3) criminal

第30問の答え　(3) 差し迫った

< impending >

[impéndiŋ]【形容詞】差し迫った、切迫した、近々の

【解説】impending negotiation「差し迫った交渉」や impending merger「差し迫った合併」のようにビジネス関連の英文でもよく使われる単語です。TOEIC ではパート(5)の「語彙問題」として出題されています。仕事で頻繁に英文を読んでいる人にとっては見慣れた単語ですが、そうでない人にとっては少し難しい単語かもしれません。

【類語】approaching「迫り来る」、nearing「間近に迫っている」、upcoming「やがて起こる」

【例文】Customers rushed to buy the computer before the impending rise in prices.
訳：近く実施される値上げを前に、そのコンピュータを買おうと消費者が殺到しました。

【参考】(1) expanding　(2) inspiring

第 31 問

< recruit >

この単語の、もっとも適切な日本語を選びなさい。

(1) 任命する

(2) 従う

(3) 採用する

第 32 問

< recommend >

この単語の、もっとも適切な日本語を選びなさい。

(1) 命令する

(2) 勧める

(3) 着手する

第31問の答え （3）採用する

< recruit >

[rikrúːt] 【動詞】採用する、募集する

【解説】 リスニングセクション、リーディングセクションの両方で頻繁に使われる単語です。名詞の recruit「新入社員」もリスニングセクションでよく使われます。動詞としての recruit は知っていても、名詞としての recruit を知らない人が多いです。
【派生語】 recruitment（名）「募集、採用」
【類語】 employ「雇用する」、hire「採用する」、dismiss「解雇する」
【例文】 The sporting goods company is trying to recruit famous high school athletes to advertise its new products.
訳：スポーツ用品メーカーは新製品の宣伝のため有名な高校生アスリートを入社させようとしています。
【参考】（1）appoint　（2）comply

第32問の答え （2）勧める

< recommend >

[rèkəménd] 【動詞】勧める、推薦する

【解説】 リスニングセクション、リーディングセクションの両方でよく使われる単語です。また、パート(5)の「文法問題」で「誘いや提案を表す動詞に続く that 節内の動詞は原形になる」という点を問う問題で動詞の recommend が使われることもあります。
【派生語】 recommendation（名）「推薦、推薦状」、recommendable（形）「推薦できる」
【類語】 suggest「勧める」
【例文】 He recommended that I join the union.
訳：彼は私に組合に入るよう勧めました。
【参考】（1）command　（3）launch

第 33 問

< complete >

この単語の、もっとも適切な日本語を選びなさい。

(1) 安定した

(2) 完了した

(3) 関連のある

第 34 問

< offer >

この単語の、もっとも適切な日本語を選びなさい。

(1) 提出する

(2) 貢献する

(3) 提供する

第33問の答え　(2) 完了した

< complete >

[kəmplíːt]【形容詞】完了した、完全な、完備した

【解説】complete には形容詞だけでなく、動詞の意味もあります。動詞としての complete は知っていても、形容詞の complete を知らない人が多く、パート(5)の「文法問題」でトリック問題として出題されることがあります。complete には形容詞の用法もあることを頭に入れておきましょう。
【派生語】completely（副）「完全に」、completion（名）「完成」
【類語】comprehensive「包括的な」
【例文】Construction of the new stadium should be complete by next year.
訳：新スタジアムの工事は来年までには完了するはずです。
【参考】(1) stable　(3) related

第34問の答え　(3) 提供する

< offer >

[ɔ́(ː)fər]【動詞】提供する、申し出る、提案する

【解説】パート(5)では「語彙問題」として出題されることもありますが、offer はビジネス関連の英文では必須単語なので、他のパートでも頻繁に使われます。「提供する」という意味の他動詞として使われる場合は、「offer + 人 + 提供すること／もの」、「offer + 提供すること／もの + for + 人」の形になりますが、「提案する」という意味では「offer + 提案 + to + 人」「offer + that 節（提案内容）」で使われることが多いです。
【派生語】offering（名）「提供するもの」
【類語】extend「(援助などを) 与える」
【例文】We offered her a position in our legal department.
訳：われわれは彼女に法務部のポストを提供しました。
【参考】(1) submit　(2) contribute

第 35 問

< prepare >

この単語の、もっとも適切な日本語を選びなさい。

(1) 準備する

(2) 生み出す

(3) 応募する

第 36 問

< overcome >

この単語の、もっとも適切な日本語を選びなさい。

(1) 直面する

(2) 耐える

(3) 打ち勝つ

【4章 パート5・6によく出る単語・熟語】 217

第35問の答え　(1) 準備する

< prepare >
[pripéər]【動詞】準備する、用意する

【解説】簡単な単語ですが、パート(5)の「熟語問題」で prepare for「〜の準備をする」の前置詞 for を問う問題が、数度出題されたことがあります。また、名詞の preparation を使った preparation for や、形容詞の prepared を使った prepared for などの表現も時々使われます。
【派生語】preparatory（形）「準備の、予備の」
【類語】get ready「準備する」、fix「（飲食物を）準備する」
【例文】He has prepared a presentation for the sales meeting.
訳：彼は販売会議でのプレゼンテーションの準備をしました。
【参考】(2) generate　(3) apply

第36問の答え　(3) 打ち勝つ

< overcome >
[òuvərkʌ́m]【動詞】打ち勝つ、克服する、乗り越える

【解説】ビジネスでは困難な事態や問題などを克服する場面が多く、そのためか TOEIC でもリスニング、リーディング両セクションでよく使われます。パート(5)で「語彙問題」として出題されたこともあります。
【類語】conquer「征服する」、prevail「打ち勝つ」
【例文】The researcher overcame numerous setbacks before she finally achieved success.
訳：その研究者は数々の挫折を乗り越えて、とうとう成功をおさめました。
【参考】(1) confront　(2) bear

第 37 問

< suitable >

この単語の、もっとも適切な日本語を選びなさい。

(1) 健全な

(2) 適切な

(3) 緊急の

第 38 問

< fasten >

この単語の、もっとも適切な日本語を選びなさい。

(1) 禁止する

(2) 位置を定める

(3) 締める

第37問の答え　(2) 適切な

< suitable >

[súːtəbl] 【形容詞】適切な、ふさわしい

【解説】パート(5)の「品詞問題」で数度出題されていますが、パート(5)以外でもリスニング、リーディング両セクションでよく使われます。be suitable for「～に適している」の形で使われることが多いです。
【派生語】suit（動）「合う」、suitably（副）「適切に」
【類語】appropriate「適切な」、proper「適切な」
【例文】Sandals are not suitable attire for the office.
訳：サンダルは職場にふさわしい履き物ではありません。
【参考】(1) sound　(3) urgent

第38問の答え　(3) 締める

< fasten >

[fǽsn] 【動詞】締める

【解説】be firmly fastened は飛行機の機内でシートベルト着用の確認の際に流れる表現ですが、パート(5)で副詞 firmly を選ぶ「品詞問題」として、この be firmly fastened という表現が数度出題されています。機内で聞き慣れている人にとっては簡単な単語です。
【派生語】fast（形）「固定した」、fastener（名）「留め具、ファスナー」
【類語】tighten「きつく締める」、loosen「緩める」
【例文】The passengers were asked to fasten their seatbelts during take-off.
訳：乗客たちは離陸時にはシートベルトを締めるように言われました。
【参考】(1) forbid　(2) position

第 39 問

< unbearable >

この単語の、もっとも適切な日本語を選びなさい。

(1) 自発的な

(2) 耐えられない

(3) 維持できる

第 40 問

< feasible >

この単語の、もっとも適切な日本語を選びなさい。

(1) 入手可能な

(2) 実現可能な

(3) 予想できる

【4章 パート5・6によく出る単語・熟語】

第39問の答え　(2) 耐えられない

< unbearable >

[ʌnbéərəbl]【形容詞】耐えられない、我慢できない

【解説】最近、パート(5)で空欄前後に多少難しめの単語があり、その単語の意味がわからなければ正答しにくいという問題が増えていて、この unbearable も使われたことがあります。副詞の unbearably「耐えられないほど」もパート(5)で「さまざまな副詞の問題」として出題されたことがあります。
【派生語】unbearably（副）「耐えられないほど」、bear（動）「耐える」、bearable（形）「耐えられる」
【類語】intolerable「耐えられない」、unendurable「耐えられない」
【例文】He resigned from the company due to the unbearable stress of dealing with unreasonable customers.
訳：彼は、理不尽な顧客に応対するという耐え難いストレスのため、会社を辞めました。
【参考】(1) voluntary　(3) sustainable

第40問の答え　(2) 実現可能な

< feasible >

[fí:zəbl]【形容詞】実現可能な、実行できる

【解説】ビジネス必須単語です。日本でも外資系企業では、名詞 feasibility を使った feasibility study「実現可能性の検討」という表現をカタカナで使うところが多いです。計画やプロジェクトが実現可能かどうか検討する際に使われます。feasible はパート(5)の「語彙問題」で出題されました。
【派生語】feasibly（副）「実行できるように」、feasibility（名）「実行可能性」
【類語】possible「可能な」、viable「実現可能な」
【例文】It is not feasible for our West Coast company to have our factory on the East Coast.
訳：西海岸にある私どもの会社が、東海岸に工場を持つことは現実的に不可能です。
【参考】(1) available　(3) predictable

第 41 問

< moderate >

この単語の、もっとも適切な日本語を選びなさい。

(1) 保守的な

(2) 適度な

(3) 合理的な

第 42 問

< prominent >

この単語の、もっとも適切な日本語を選びなさい。

(1) 価値のある

(2) 見込みのある

(3) 卓越した

第41問の答え　(2) 適度な

< moderate >

[mάdərət]【形容詞】適度な、中くらいの、穏やかな

【解説】moderate growth「安定成長」、moderate increase「中程度の増加」のように、ビジネス関連の英文でもよく使われる単語です。最近パート(5)の出題語彙がビジネス関連のものにシフトしているため、パート(5)で「語彙問題」として出題されたこともあります。
【派生語】moderately（副）「適度に」、moderation（名）「中庸、節度」
【例文】Analysts predict moderate growth in China over the next year.
訳：アナリストたちは中国が来年1年間で緩やかに成長すると予測しています。
【参考】(1) conservative　(3) rational

第42問の答え　(3) 卓越した

< prominent >

[prάmɪnənt]【形容詞】卓越した、有名な、目立った

【解説】prominent businessman「傑出したビジネスマン」、prominent university「有名な大学」のように人や組織を形容する場合に使われることが多いです。パート(7)の「読解問題」や、パート(5)の「語彙問題」で出題されます。
【派生語】prominence（名）「目立つこと、傑出」、prominently（副）「顕著に」
【類語】conspicuous「目立った」、famed「有名な」、noted「著名な」、well-known「有名な」
【例文】The award was given to the prominent medical researcher for his original findings.
訳：この賞は、独創的な研究結果をたたえて、その著名な研究者に授与されました。
【参考】(1) worthwhile　(2) promising

第 43 問

< on display >

この熟語の、もっとも適切な日本語を選びなさい。

(1) 非稼働中で

(2) 陳列して

(3) 一列に並んで

第 44 問

< adopt >

この単語の、もっとも適切な日本語を選びなさい。

(1) 適応する

(2) 採用する

(3) 認める

第43問の答え　(2) 陳列して

< on display >

【熟語／慣用表現】陳列して

【解説】店に商品が陳列されている写真がパート(1)の「写真描写問題」で出ることがあり、そのような英文で時々使われます。また、パート(5)で「熟語問題」として出題されたこともあります。ビジネスでよく使われる表現です。
【類語】on exhibit「陳列して」
【例文】The famous ceramic company put its latest products on display at the department store.
訳：その有名な陶磁器メーカーは、デパートに同社の最新製品を陳列しました。
【参考】(1) out of service　(3) in a row

第44問の答え　(2) 採用する

< adopt >

[ədápt]【動詞】採用する、採択する、養子にする

【解説】adopt a strategy「戦略を採用する」、adopt a scheme「案を採用する」、adopt a plan「企画を採用する」などのようにビジネスでよく使う単語です。パート(5)で「語彙問題」として出題されたことがありますが、パート(4)やパート(7)でも使われます。
【派生語】adoption（名）「採用」
【類語】approve「承認する」
【例文】The central government adopted a new policy to stimulate the local economy.
訳：中央政府は、地域経済を活性化させるための新政策を採択しました。
【参考】(1) adapt　(3) admit

第 45 問

< shortcomings >

この単語の、もっとも適切な日本語を選びなさい。

(1) 期限切れ

(2) 批判

(3) 欠点

第 46 問

< enlarge >

この単語の、もっとも適切な日本語を選びなさい。

(1) 実行する

(2) 拡大する

(3) 勧める

第45問の答え (3) 欠点

< shortcomings >

[ʃɔ́ːtkʌ̀miŋz] 【名詞】欠点、短所

【解説】ビジネスで頻繁に使う単語です。TOEICではパート(5)の「語彙問題」で出題されました。最近のテストはビジネス関連の単語を多く扱うようになっているので、このような単語が出題されたのでしょう。仕事で英語を使っている人にとっては簡単な単語ですが、そうでない人の中には知らない人が少なくないかもしれません。

【類語】fault「短所」、weakness「弱点」

【例文】The client complained about the mistakes in the orders given, so the company tried to find the shortcomings.
訳:その顧客が注文の間違いについて苦情を述べたので、会社はどこに要らない点があったのか探そうとしました。

【参考】(1) expiration (2) criticism

第46問の答え (2) 拡大する

< enlarge >

[enláːrdʒ] 【動詞】拡大する、増大する、拡張する

【解説】ビジネスでよく使う単語です。en- は「特定の状態にする」という意味の接頭辞です。large は「大きい」という意味なので、enlarge の意味は簡単に推測できるでしょう。パート(5)の「語彙問題」で出題されました。最近のテストはビジネス関連の単語を多く扱うようになっているので、このような単語が出題されるようになりました。

【派生語】enlargement (名)「拡大」

【類語】expand「拡大する」、downsize「縮小する」

【例文】The company was sure that the new product would sell well, so it enlarged the sales division.
訳:その会社は新製品が売れることを確信していたので、営業部を拡大しました。

【参考】(1) enforce (3) encourage

第 47 問

< pardon >

この単語の、もっとも適切な日本語を選びなさい。

(1) 耐える

(2) 後悔する

(3) 許す

第 48 問

< up to >

この熟語の、もっとも適切な日本語を選びなさい。

(1) ～現在

(2) せいぜい

(3) 最大で～まで

第47問の答え　(3) 許す

< pardon >

[páːrdn]【動詞】許す、大目に見る、勘弁する

【解説】お詫びの手紙やメールなどで時々使われます。謝罪の表現は他にもいろいろありますが、特に pardon はビジネスなどのように多少フォーマルな場面で使われます。英会話で相手が言ったことが聞き取れない場合などに使う I beg your pardon? や Pardon? のような表現に慣れていれば、意味は推測できるはずです。

【類語】forgive「許す」

【例文】Due to expiration of your warranty, please pardon our inability to repair your machine for free.
訳：保証期間が過ぎているため、お使いいただいている機械の無償修理はご容赦くださいますよう、お願い申し上げます。

【参考】(1) endure　(2) regret

第48問の答え　(3) 最大で〜まで

< up to >

【熟語／慣用表現】最大で〜まで、〜に至るまで、〜次第で

【解説】日常的にもビジネスでもよく使われる表現です。「最大で〜まで」という意味での up to がパート(5)で「熟語問題」として出題されたことがありますが、他にもパート(4)の「説明文問題」やパート(7)の「読解問題」などで使われます。会話でよく使われる It's up to you.「あなた次第です」は TOEIC にはほとんど出ません。

【類語】to the maximum of「最大〜まで」

【例文】The company conference room can accommodate up to 50 people.
訳：その社内会議室は50人まで収容することができます。

【参考】(1) as of　(2) at most

第 49 問

< compose >

この単語の、もっとも適切な日本語を選びなさい。

(1) さらす

(2) 提案する

(3) 構成する

第 50 問

< various >

この単語の、もっとも適切な日本語を選びなさい。

(1) さまざまな

(2) 有効な

(3) 同一の

第49問の答え　(3) 構成する

< compose >

[kəmpóuz]【動詞】構成する、組み立てる、作曲する

【解説】be composed of「〜から成る」という表現を問う問題としてパート(5)で数度出題されていますが、よく使う表現なので、パート(5)以外でも時々使われます。
【派生語】composition（名）「構成」
【類語】comprise「〜から成る」、make up「構成する」
【例文】The packaging material is composed of a newly developed polymer.
訳：その梱包材は新開発の高分子化合物でできています。
【参考】(1) expose　(2) propose

第50問の答え　(1) さまざまな

< various >

[véəriəs]【形容詞】さまざまな、いろいろな、種々の

【解説】リーディングセクションを中心に使われます。「さまざまな」という意味なので、後ろに続く名詞は複数形になります。動詞の vary も重要な単語で、vary from A to B の形を問う問題としてTOEIC改変前にパート(5)で出題されたことがあります。
【派生語】vary（動）「変化する」、variety（名）「多種多様なもの」、variously（副）「さまざまに」、varied（形）「多様な」
【類語】miscellaneous「さまざまな」、diverse「多岐にわたる」、unique「唯一の」
【例文】We offer various investment alternatives to suit your needs.
訳：当社は皆様のご要望に合わせてさまざまな種類の投資計画の選択肢を取り揃えております。
【参考】(2) valid　(3) identical

第 51 問

< translate >

この単語の、もっとも適切な日本語を選びなさい。

(1) 通過する

(2) 変形する

(3) 翻訳する

第 52 問

< in the case of >

この熟語の、もっとも適切な日本語を選びなさい。

(1) 〜の過程において

(2) 〜の場合には

(3) 〜に従って

第51問の答え　(3) 翻訳する

< translate >

[trænsleit]【動詞】翻訳する、解釈する、移す、変える

【解説】translate A into B の形で使うことが多く、TOEIC でもパート(5)でこの into を問う問題が数度出題されたことがあります。translate には「(言語を) 翻訳する」以外にも、「〜の形を変える」という意味があり、「データを言葉に変換する」などのような場合にも使われます。
【派生語】translation「翻訳、通訳」、translator「翻訳者、通訳者」
【例文】This book has been translated into over 20 languages.
訳：この本は 20 を超える言語に翻訳されています。
【参考】(1) transit　(2) transform

第52問の答え　(2) 〜の場合には

< in the case of >

【熟語／慣用表現】〜の場合には

【解説】ビジネス関連の英文でよく使われているためか、リスニング、リーディング両セクションに出ます。パート(5)で「熟語問題」として出題されたこともあります。
【類語】in case of「万が一〜の場合には」、in the event of「〜の場合には」
【例文】In the case of an emergency, please notify the flight staff.
訳：緊急事態の場合はフライトスタッフにお知らせください。
【参考】(1) in process of　(3) in accordance with

第 53 問

< in place of >

この熟語の、もっとも適切な日本語を選びなさい。

(1) 〜を照らし合わせてみると

(2) 〜の代わりに

(3) 〜に直面して

第 54 問

< in terms of >

この熟語の、もっとも適切な日本語を選びなさい。

(1) 〜の危険があって

(2) 〜の場合

(3) 〜の点から

第53問の答え　（2）〜の代わりに

< in place of >
【熟語／慣用表現】〜の代わりに

【解説】パート(5)で「熟語問題」として出題されたことがあります。正答として出題されたこともありますが、誤答として出題されたこともあります。リスニングセクションのパート(3)やパート(4)で使われることもあります。

【類語】instead of「〜の代わりに」

【例文】He was asked to meet with the client in place of his manager.
訳：彼はマネージャーの代わりに、その取引先と会うよう頼まれました。

【参考】（1）in light of　（3）in face of

第54問の答え　（3）〜の点から

< in terms of >
【熟語／慣用表現】〜の点から、〜に関して、〜の言葉で言えば

【解説】ビジネス関連の英文でよく使われる表現です。パート(5)で「熟語問題」として出題されたことがありますが、パート(7)の「読解問題」でも使われることがあります。覚えておくと英文を書く際にも便利に使えます。

【類語】in respect of「〜に関して」、with respect to「〜に関して」、in relation to「〜に関して」

【例文】Prices can be reduced only in terms of volume.
訳：価格が下げられるのは購入点数を勘案した場合のみです。

【参考】（1）in danger of　（2）in case of

第 55 問

< match >

この単語の、もっとも適切な日本語を選びなさい。

(1) 組み立てる

(2) 適合する

(3) 調整する

第 56 問

< permission >

この単語の、もっとも適切な日本語を選びなさい。

(1) 手数料

(2) 許可

(3) 入場料

第55問の答え　(2) 適合する

< match >

[mætʃ]【動詞】適合する、調和する、匹敵する

【解説】日常的にも、ビジネスでも使います。パート(5)の「語彙問題」で出題されたことがありますが、半ば日本語になっている簡単な単語です。

【派生語】matching（形）「適合している」

【類語】correspond「対応する、一致する」、conform「順応する、適合する」、harmonize「調和する」

【例文】The two packaging companies did not merge because their sales philosophies did not match.
訳：そのパッケージング会社2社は、販売に関する指針が合わなかったため、合併を見送りました。

【参考】(1) assemble　(3) adjust

第56問の答え　(2) 許可

< permission >

[pərmíʃən]【名詞】許可、認可

【解説】ビジネスでは何かをする場合に許可を必要とする場面が多いため、permissionという単語が頻繁に使われます。パート(5)の「熟語問題」でwithout permission「許可なく」という表現を問う問題として出題されたこともあります。

【派生語】permit（動）「許可する」（名）「許可証」、permissive（形）「許された、寛大な」

【類語】allowance「容認」、consent「同意、許可」

【例文】Entry into the nuclear plant cannot be made without permission.
訳：許可なしに、その原子力発電所に入ることはできません。

【参考】(1) commission　(3) admission

第 57 問

< supplementary >

この単語の、もっとも適切な日本語を選びなさい。

(1) 卓越した

(2) 補足の

(3) 代わりの

第 58 問

< representative >

この単語の、もっとも適切な日本語を選びなさい。

(1) 同僚

(2) 候補者

(3) 販売員

第 57 問の答え　　　(2) 補足の

< supplementary >

[sÀpləméntəri]【形容詞】補足の、追加の

【解説】ビジネス関連の英文では supplementary material「補足資料」という表現がよく使われます。TOEIC ではパート(4)やパート(7)でも使われますが、パート(5)で「語彙問題」として出題されたこともあります。ビジネス関連の英文でもよく使われます。
【派生語】supplement（名）「補足、追加」（動）「補う」、supplemental（形）「追加の」
【類語】additional「追加の」、further「さらなる」
【例文】The book on British economic history had much supplementary material collected by the Ministry of Finance.
訳：イギリス経済史に関するその本には、財務省が収集した多くの補足資料が掲載されていました。
【参考】(1) prominent　(3) alternative

第 58 問の答え　　　(3) 販売員

< representative >

[rèprizéntətiv]【名詞】販売員、代表者

【解説】sales representative「販売員、営業マン」という表現は外資系企業では日常的に使われます。外資系企業では略して sales rep という言い方をしている場合が多いです。リスニングセクション、リーディングセクションの両方で使われますが、パート(5)の「語彙問題」で出題されたこともあります。
【派生語】represent（動）「代表する」、representation（名）「代表（すること）」
【類語】salesperson「販売員」、sales personnel「営業担当者」
【例文】A sales representative from Orange Computers will be meeting us at the airport.
訳：オレンジコンピュータ社の営業マンが、われわれを空港で出迎えてくれる予定です。
【参考】(1) colleague　(2) candidate

第 59 問

< security guard >

この単語の、もっとも適切な日本語を選びなさい。

(1) 配達人

(2) 警備員

(3) 営業担当者

第 60 問

< reward >

この単語の、もっとも適切な日本語を選びなさい。

(1) 返答する

(2) 授与する

(3) 報いる

第 59 問の答え　　(2) 警備員

< security guard >

[sikjúərəti gà:rd] 【名詞】警備員

【解説】パート(5)で「複合名詞の問題」として出題されたこともありますが、パート(3)の「会話問題」やパート(4)の「説明文問題」などでも使われます。「セキュリティー」も「ガード」も日本語になっているので、意味は推測できるはずです。
【例文】Let's ask the security guard where the fire escape is located.
訳：警備員に非常口の場所を聞きましょう。
【参考】(1) delivery person　(3) sales representative

第 60 問の答え　　(3) 報いる

< reward >

[riwɔ́:rd] 【動詞】報いる、報酬を与える、褒美をやる

【解説】名詞の reward「報酬」は知っていても、動詞の reward「報いる」を知らない人が少なからずいます。パート(5)の「語彙問題」で名詞、動詞ともに出題されています。パート(7)の「読解問題」で時々出題される、功績の高い社員に贈られる賞やボーナスの話などでも動詞の reward がよく使われます。
【派生語】reward（名）「報酬」、rewarding（形）「報われる、有益な」
【類語】award「与える」、compensate「(仕事などに) 報いる」
【例文】The company will reward the salesman with the best record by giving him a large bonus.
訳：最高の売上を記録したその営業担当者に対し、会社から多額のボーナス支給という形で褒美が与えられます。
【参考】(1) reply　(2) award

第 61 問

< whereas >

この単語の、もっとも適切な日本語を選びなさい。

(1) ～するところはどこでも

(2) ～かどうか

(3) ～であるのに対して

第 62 問

< deliberation >

この単語の、もっとも適切な日本語を選びなさい。

(1) 表彰

(2) 合意

(3) 審議

第61問の答え (3) ～であるのに対して

< whereas >

[hwéəræz] 【接続詞】～であるのに対して、～だが一方

【解説】ビジネス関連の英文、特に契約書でよく使われる接続詞です。パート(5)で「接続詞の問題」として出題されています。最近のパート(5)の問題では「語彙問題」に限らず、接続詞の問題などでも、ビジネス関連の英文で使われるような多少フォーマルな単語が問われるようになっています。

【類語】though「～ではあるが」、while「～である一方」

【例文】The bond market is quiet whereas the stock market is active.
訳：債券市場の動きは活発ではありませんが、一方で、株式市場は活況を呈しています。

【参考】(1) wherever (2) whether

第62問の答え (3) 審議

< deliberation >

[dilìbəréiʃən] 【名詞】審議、熟慮、慎重さ

【解説】パート(5)の「語彙問題」で数度出題されたことがありますが、「審議」という意味での出題でした。「熟考」の意味で使うことが多い単語ですが、委員会や議会に関する内容であれば「審議」という意味で使われている可能性が高いです。

【派生語】deliberative（形）「審議の」、deliberate（形）「慎重な」（動）「熟考する、審議する」、deliberately（副）「慎重に」

【類語】argument「議論」、consideration「考慮」、contemplation「熟考」

【例文】After long deliberation, the board of directors decided to withdraw from the China market.
訳：長い審議の後に、取締役会は中国市場からの撤退を決めました。

【参考】(1) recognition (2) agreement

第 63 問

< acknowledgement >

この単語の、もっとも適切な日本語を選びなさい。

(1) 請求書

(2) 思い出させるもの

(3) 受領確認

第 64 問

< remaining >

この単語の、もっとも適切な日本語を選びなさい。

(1) 有名な

(2) 同等の

(3) 残りの

【4章 パート5・6によく出る単語・熟語】245

第63問の答え　(3) 受領確認

< acknowledgement >

[əknάlidʒmənt]【名詞】受領確認、承認

【解説】パート(5)の「語彙問題」で出題されたことがありますが、パート(7)の「読解問題」でも使われます。外資系企業の中には「アクノリッジメントは送った？」のように、半ば日本語としても使われているところもあるほどで、ビジネス必須単語です。
【派生語】acknowledge（動）「認める、承認する」、acknowledgeable（形）「世間に認められている」
【類語】receipt「受領」
【例文】He received acknowledgement within three days after the shipment.
訳：彼は出荷後3日以内に受領確認の知らせを受け取りました。
【参考】(1) invoice　(2) reminder

第64問の答え　(3) 残りの

< remaining >

[riméiniŋ]【形容詞】残りの、残っている

【解説】remaining amount「残額」、remaining business「残務」、remaining problems「残された問題」などビジネスでもよく使います。パート(5)の「語彙問題」で、remaining business day(s)「残りの営業日」という表現が出題されました。
【派生語】remain（動）「残る」、remainder（名）「残り」
【類語】the rest of「〜の残り」
【例文】He worked on the first 200 pages of the manuscript all night but could not finish the remaining 100 pages before the morning deadline.
訳：彼は徹夜で原稿の最初の200ページを書きましたが、午前中の締切前に残りの100ページを仕上げることはできませんでした。
【参考】(1) renowned　(2) equivalent

第 65 問

< numerous >

この単語の、もっとも適切な日本語を選びなさい。

(1) 多数の

(2) 多様な

(3) 連続した

第 66 問

< wealth >

この単語の、もっとも適切な日本語を選びなさい。

(1) 富

(2) 預金

(3) 報酬

第65問の答え　(1) 多数の

< numerous >

[n(j)úːmərəs]【形容詞】多数の、非常に多い

【解説】ビジネス関連の多少フォーマルな英文でよく見かける単語です。最近パート(5)の出題語彙がビジネス関連のものにシフトしているせいか、パート(5)で「語彙問題」として出題されたこともあります。

【派生語】numerously（副）「豊富に」、number（名）「数」、innumerable（形）「無数の」

【類語】considerable「かなり多くの」、countless「数え切れないほどの」

【例文】There are numerous factors that could have caused the economic downturn.
訳：景気の後退を招いたであろう要因が数多くあります。

【参考】(2) diversified　(3) consecutive

第66問の答え　(1) 富

< wealth >

[wélθ]【名詞】富、財、豊富

【解説】「富」という意味で使われることの多い単語ですが、それ以外に「豊富」といった意味もあり、パート(5)の「品詞問題」で wealth of knowledge「豊富な知識」という表現が出題されたこともあります。「豊富」という意味も覚えておきましょう。

【派生語】wealthy（形）「裕福な」

【類語】abundance「豊富、裕福」、affluence「豊かさ」

【例文】He has accumulated a great deal of wealth through investments.
訳：彼は投資によって巨万の富を蓄えました。

【参考】(2) deposit　(3) compensation

第 67 問

< congested >

この単語の、もっとも適切な日本語を選びなさい。

(1) 混雑した

(2) 精巧な

(3) 許可された

第 68 問

< resignation >

この単語の、もっとも適切な日本語を選びなさい。

(1) 公共料金

(2) 処方箋

(3) 辞職

第67問の答え　(1) 混雑した

< congested >
[kəndʒéstəd]【形容詞】混雑した、密集した

【解説】日常会話でよく使う単語なのでリスニングセクションで使われることもありますが、パート(5)で「語彙問題」として出題されています。リスニングセクションでよく使われる関連表現の traffic congestion「交通渋滞」の意味を知っていれば、congested の意味は推測できます。

【派生語】congest（動）「混雑させる」、congestion（名）「混雑、密集」

【類語】crowded「混雑した」、jammed「混雑した」、traffic jam「交通渋滞」

【例文】The downtown area is too congested during the rush hour.
訳：ラッシュアワーのダウンタウン地区は、あまりにも人が多すぎます。

【参考】(2) sophisticated　(3) authorized

第68問の答え　(3) 辞職

< resignation >
[rèzignéiʃən]【名詞】辞職、辞任

【解説】アメリカ人は日本人より転職や起業のために会社を辞める機会が多く、リスニングセクションではそのような話題が出ることがあり、この単語が使われます。また、パート(5)で「語彙問題」としても出題されています。動詞の resign も時々使われます。

【派生語】resign（動）「辞職する」

【類語】dismissal「解雇」

【例文】Before leaving the company, I must submit a letter of resignation.
訳：会社を辞める前に私は辞表を提出しなければなりません。

【参考】(1) utilities　(2) prescription

第 69 問

< formerly >

この単語の、もっとも適切な日本語を選びなさい。

(1) 現在は

(2) いつものように

(3) 以前は

第 70 問

< fairly >

この単語の、もっとも適切な日本語を選びなさい。

(1) 部分的に

(2) 決定的に

(3) かなり

第69問の答え　(3) 以前は

< formerly >

[fɔ́:rmərli] 【副詞】以前は、かつては、昔は

【解説】パート(5)の「適切な意味の副詞を入れる問題」で出題されています。Formerly が入る文頭部分が空欄で、後ろにコンマが続き、さらにその後ろに節が続くタイプの英文が使われました。実際には文頭だけでなく、文中に置いたり、文末に置いたりもします。

【派生語】former（形）「以前の」
【類語】previously「以前は」
【例文】Formerly, the American executive worked for a German company.
訳：そのアメリカ人経営幹部は、以前ドイツの会社に勤めていました。
【参考】(1) currently　(2) routinely

第70問の答え　(3) かなり

< fairly >

[féərli] 【副詞】かなり、相当に、公平に、公正に

【解説】空欄部分ではありませんが、パート(5)の英文で使われたことがあります。最近はヒントとなる空欄前後の単語が少し難しい場合も多いですが、fairly は間違いを誘おうと、問題のポイントに気付かせないように空欄直前に置かれる場合があります。会話でもよく使われる単語なので、リスニングセクションでも使われます。

【派生語】fair（形）「かなりの」
【類語】pretty「かなり、相当」、rather「かなり、ずいぶん」
【例文】Our company's stock is doing fairly well in comparison with the rival company.
訳：わが社の株はライバル企業に比べてかなり好調です。
【参考】(1) partially　(2) decisively

第 71 問

< restrain >

この単語の、もっとも適切な日本語を選びなさい。

(1) 行使する

(2) 抑える

(3) 促進する

第 72 問

< natural resources >

この単語の、もっとも適切な日本語を選びなさい。

(1) 天然資源

(2) 人材

(3) 燃費

第71問の答え (2) 抑える

< restrain >

[ristréin]【動詞】抑える、抑制する、制限する

【解説】「人が～するのを抑制する」と言う場合、「restrain + 人 + from」と、前置詞には from を使います。最近は出題されていませんが、過去に前置詞 from を問う問題としてパート(5)で出題されたこともあります。
【派生語】restraint（名）「抑制」、restrained（形）「抑制した、節度ある」
【類語】constrain「抑制する、規制する」、inhibit「抑制する」
【例文】The government has taken steps to restrain the rise in inflation.
訳：政府は、インフレ上昇を抑えるための措置を講じました。
【参考】(1) exercise (3) facilitate

第72問の答え (1) 天然資源

< natural resources >

[nǽtʃərəl rí:sɔ̀:rsiz]【名詞】天然資源

【解説】最近は環境問題が話題になることが多いので、日常生活でも頻繁に使われる単語です。TOEIC ではパート(5)の「語彙問題」で、conservation「保全」という単語が問題になることがあり、その際に、conservation of natural resources「天然資源の保全」のような表現が使われることが多いです。
【類語】mineral「鉱物」、metal「金属」、fossil fuel「化石燃料」
【例文】According to environmental groups, the Earth's natural resources are being depleted.
訳：環境保護団体によると、地球上の天然資源は枯渇しつつあります。
【参考】(2) human resources (3) fuel efficiency

第 73 問

< a series of >

この熟語の、もっとも適切な日本語を選びなさい。

(1) 山のような〜

(2) 一連の〜

(3) 一部の〜

第 74 問

< fuel >

この単語の、もっとも適切な日本語を選びなさい。

(1) 燃料

(2) 石油

(3) 電気

第73問の答え　(2) 一連の〜

< a series of >

【熟語/慣用表現】一連の〜、ひと続きの〜

【解説】よく使われる表現です。パート(5)で「熟語問題」として出題されたこともありますが、他にも「a series of の後ろには複数名詞が続く」という点を問う問題としても出題されたことがあります。a series of は「一連の〜」という意味なので後ろには複数名詞が続きます。

【類語】a set of「一連の〜」、a group of「〜の一団」

【例文】A series of tests was carried out before the new drug was put on the market.

訳：その新薬には、発売される前に、一連の試験が施されました。

【参考】(1) a pile of　(3) a fraction of

第74問の答え　(1) 燃料

< fuel >

[fjúːəl]【名詞】燃料

【解説】知らない人が多い単語ですが、パート(5)で「語彙問題」として、fuel efficiency「燃費」が出題されたことがあります。パート(1)の「写真描写問題」では、「燃料を供給する」という意味での動詞の fuel が使われることがあります。

【類語】energy「エネルギー」

【例文】Our company has developed a new clean-burning fuel for automobiles.

訳：当社は、燃料による汚染が少ない自動車用の新燃料を開発しました。

【参考】(2) petroleum　(3) electricity

第 75 問

< afterwards >

この単語の、もっとも適切な日本語を選びなさい。

(1) その上

(2) あとで

(3) 前もって

第 76 問

< obsolete >

この単語の、もっとも適切な日本語を選びなさい。

(1) 安定した

(2) 絶対的な

(3) 時代遅れの

【4章 パート5・6によく出る単語・熟語】

第 75 問の答え　　(2) あとで

< afterwards >

[ǽftərwərdz]【副詞】あとで、その後、以後

【解説】例文のように文末に置いて使う場合が多いですが、文中に置いて使うこともあります。パート(5)の「語彙問題」で文末に置く afterwards を問う問題が出題されたことがあります。パート(7)の「読解問題」の手紙文などで使われることもあります。
【類語】later「あとで」、subsequently「あとで」
【例文】The airport runway will be built first, and the airport building will be constructed afterwards.
訳：まず空港の滑走路が作られ、その後、空港ビルが建設されます。
【参考】(1) moreover　(3) beforehand

第 76 問の答え　　(3) 時代遅れの

< obsolete >

[ὰbsəlíːt]【形容詞】時代遅れの、すたれた

【解説】パート(5)の「語彙問題」で出題されたことがあります。最近は出題語彙がビジネス関連のものにシフトしているので、このような単語が出題されています。少し難しい単語ですが、ビジネスでは使われるので、仕事で英語を使う人は覚えておきましょう。
【派生語】obsoletely (副)「時代遅れになるように」
【類語】outdated「時代遅れの」、outmoded「流行遅れの」、old-fashioned「時代遅れの」
【例文】Present surgical procedures are becoming obsolete due to new technology.
訳：新技術が開発されたことで、現在の外科手術が時代遅れになりつつあります。
【参考】(1) stable　(2) absolute

第 77 問

< upgrade >

この単語の、もっとも適切な日本語を選びなさい。

(1) 押し上げる

(2) 更新する

(3) 性能を高める

第 78 問

< transform >

この単語の、もっとも適切な日本語を選びなさい。

(1) 転勤する

(2) 輸送する

(3) 変形する

第77問の答え　(3) 性能を高める

< upgrade >

[ʌpgréid]【動詞】性能を高める、改良する、格上げする

【解説】動詞の upgrade と同様に、名詞の upgrade「性能向上」もよく使われます。パート(5)の「語彙問題」で動詞の upgrade が出題されたことがありますが、半分日本語になっている単語なので意味はわかると思います。
【派生語】upgrade（名）「機能向上」
【類語】enhance「（能力を）高める、強化する」、improve「改善する」
【例文】The university wants to upgrade its athletic facilities for students.
訳：その大学は、学生向け運動施設を改良したいと考えています。
【参考】(1) boost　(2) update

第78問の答え　(3) 変形する

< transform >

[trænsfɔ́ːrm]【動詞】変形する、変質する、変換する

【解説】transform A into B「A を B に変える」の形で使うことが多いです。パート(5)で前置詞の into を問う問題として出題されたことがあります。ビジネス関連の英文で使われることも多いです。
【派生語】transformation（名）「変化、変形」
【類語】make over「作り直す、変える」
【例文】In the past five years, they've transformed from a small company to a large multinational corporation.
訳：ここ5年の間に、あの会社は中小企業から巨大な多国籍企業へと変貌しました。
【参考】(1) transfer　(2) transport

第 79 問

< altogether >

この単語の、もっとも適切な日本語を選びなさい。

(1) 全部で

(2) その上

(3) しかしながら

第 80 問

< accomplished >

この単語の、もっとも適切な日本語を選びなさい。

(1) 確立した

(2) 熟達した

(3) 優れた

第79問の答え　(1) 全部で

< altogether >

[ɔ̀:ltəɡéðər]【副詞】全部で、総計で、要するに

【解説】パート(5)の「適切な意味の副詞を入れる問題」で出題されています。正解の Altogether が入る文頭部分が空欄で、後ろにコンマが続き、さらにその後ろに節が続くタイプの英文が使われていました。実際には文頭だけでなく、文中に置いたり、文末に置いたりもします。

【類語】besides「～に加えて」、together with「～とともに」

【例文】Altogether, his hotel bill at three hotels was more than his airline fare.
訳：合計すると、彼が3軒のホテルで使った宿泊代は航空運賃より多くかかりました。

【参考】(2) furthermore　(3) however

第80問の答え　(2) 熟達した

< accomplished >

[əkámpliʃt]【形容詞】熟達した、完成した

【解説】パート(5)で「語彙問題」として出題されたことがあります。少し難しい単語ですが、動詞の accomplish「成し遂げる」の意味を知っていれば推測することができます。パート(7)の「読解問題」でも使われることがあります。

【派生語】accomplish（動）「達成する」、accomplishment（名）「成就、業績」

【類語】expert「熟達した」、proficient「熟練した」

【例文】The audience applauded the accomplished 18-year old pianist.
訳：聴衆はその名人級の腕を持つ18歳のピアニストに拍手を送りました。

【参考】(1) established　(3) distinguished

第 81 問

< coincide with >

この熟語の、もっとも適切な日本語を選びなさい。

(1) ～と同時に起きる

(2) ～に遅れずについていく

(3) ～に従う

第 82 問

< manageable >

この単語の、もっとも適切な日本語を選びなさい。

(1) 管理できる

(2) 精通している

(3) 好ましい

第81問の答え　(1) ～と同時に起きる

< coincide with >

[熟語／慣用表現] ～と同時に起きる、一致する

【解説】パート(5)の「文法問題」で使われたことがある表現です。英文を読み慣れている人にとっては見慣れた表現ですが、そうでない人にとっては少し難しい表現です。「～と」にあたる部分には前置詞の with を使います。

【類語】accompany「同時に生じる」、synchronize「同時に起きる」、coexist「同時に存在する」

【例文】The election for the national congress will coincide with the election for the city mayor.
訳：国会議員選挙は市長選挙と同時に行なわれます。

【参考】(2) keep up with　(3) comply with

第82問の答え　(1) 管理できる

< manageable >

[mǽnidʒəbl]【形容詞】管理できる、操作できる、扱いやすい

【解説】パート(5)の「語彙問題」で managerial「経営上の」の誤答として使われたことがありますが、正解として出題されたこともあります。manageable はビジネスでもよく使われるので、パート(5)以外でも、リスニング、リーディング両セクションで時々使われます。

【派生語】manage（動）「管理する」、managerial（形）「管理の、経営上の」、management（名）「管理」

【類語】controllable「管理できる」

【例文】The problem is still manageable, but it could easily get out of control.
訳：その問題はいまならまだ何とかなりますが、すぐに手に負えないものになってしまう可能性があります。

【参考】(2) knowledgeable　(3) agreeable

第 83 問

< be associated with >

この熟語の、もっとも適切な日本語を選びなさい。

(1) ～を伴う

(2) ～と関係がある

(3) ～に慣れている

第 84 問

< respectfully >

この単語の、もっとも適切な日本語を選びなさい。

(1) 敬意を表して

(2) それぞれ

(3) 責任を持って

第83問の答え (2) ～と関係がある

< be associated with >

【熟語／慣用表現】～と関係がある、～と提携している

【解説】TOEIC 改変前はパート(5)で「熟語問題」として出題されたことがあります。最近はパート(5)では出題されていませんが、よく使う表現なので、リーディングセクションを中心に他のパートでも時々使われます。
【派生語】association（名）「関連、関係」
【類語】be related to「～に関連している」、be connected with「～に関係している」
【例文】He is associated with several environmental groups.
訳：彼はいくつかの環境保護団体と関係があります。
【参考】(1) be accompanied by (3) be accustomed to

第84問の答え (1) 敬意を表して

< respectfully >

[rispéktfəli]【副詞】敬意を表して、謹んで、うやうやしく

【解説】パート(5)で「語彙問題」として出題されたことがあります。動詞の respect「尊敬する、尊重する」は大半の人が知っている単語で、その副詞だと考えれば、意味は簡単に推測できると思います。
【派生語】respectful（形）「敬意を表す」、respect（名）「敬意」（動）「尊敬する」
【例文】He was a popular boss because he treated his subordinates respectfully.
訳：彼は部下に対して敬意を持って接していたので、上司として人気がありました。
【参考】(2) respectively (3) responsibly

第 85 問

< result from >

この熟語の、もっとも適切な日本語を選びなさい。

(1) 〜を原因とする

(2) 〜の出身である

(3) 〜を避ける

第 86 問

< unprecedented >

この単語の、もっとも適切な日本語を選びなさい。

(1) 前例のない

(2) 熟練した

(3) 改訂された

【4章 パート5・6によく出る単語・熟語】

第85問の答え　(1) ～を原因とする

< result from >

【熟語／慣用表現】～を原因とする

【解説】result from「～を原因とする」、result in「～に終わる」の違いを覚えておきましょう。TOEICでも、これらの表現がパート(5)で出題されたことがあります。ビジネスでもよく使われる表現なので、パート(5)以外でも時々使われます。
【派生語】result（名）「結果」
【類語】bring about「～を引き起こす」、cause「引き起こす」、generate「引き起こす」、lead to「～をもたらす」、trigger「引き起こす、もたらす」
【例文】The doctors say his poor health condition results from stress.
訳：医者が言うには、彼の体調が悪いのはストレスが原因だそうです。
【参考】(2) come from　(3) keep from

第86問の答え　(1) 前例のない

< unprecedented >

[ʌnprésidəntəd]【形容詞】前例のない、空前の、無比の

【解説】TOEIC改変前にパート(5)の「語彙問題」で出題されたことがあります。レポートなどを書く際にはこのような多少フォーマルな単語を使うといいでしょう。忘れたころにではありますが、パート(7)の「読解問題」で使われることもあります。
【派生語】precedented（形）「先例のある」、precede（動）「～より先に起こる」、precedent（名）「先例」
【類語】unparalleled「前代未聞の」
【例文】The number of typhoons that have struck Japan this year is unprecedented.
訳：今年、日本を襲った台風の数は過去に例を見ないほどです。
【参考】(2) skilled　(3) revised

受験生コラム

就活で勉強を始めたSさんのメール

　昨年夏開催の教室に参加のSさんからのお礼メールをご紹介します。

　昨年10月のテストで855点（L470、R385）を出すことができました。TOEICの勉強を始めたのは仕事探しのためです。夫の転勤で名古屋から東京に来ることになり、それまでの正社員の職を辞めました。派遣登録をしたのですが仕事が決まりませんでした。ずっと営業系の仕事をしていたのですが事務系の仕事を探しました。なかなか見つからず、20代に外為で働いていたため貿易系を狙おうと考え直したのですが、すべてにTOEICの条件がついていたのです。

　私は15年間英語とまったく関係ない仕事をしてきたため、英語の勉強は長い間やっていませんでしたが、730点を取れたらいいなと思い派遣会社登録の帰りに書店に寄り、TOEICコーナーでずっと本を探し、先生の本と出会いました。「3か月で高得点を出す人の共通点」、「千本ノック」、「英単語」などの本を読んだところ、「公式問題集が必要」と書いてあったので、公式問題集VOL4を買って模試を解いてみましたが、何と420点でした。

　がっかりしましたが、このままでは仕事が見つけられな

受験生コラム

いという絶望感が逆にモチベーションになりました。昨年5月には1日8時間くらい勉強してTOEICに臨みました。先生の教室にはどうしても700点以上を出して出席したかったのです。そして結果は730点でした。

その後もテストを受けましたが、リスニングが良くなったかと思うとリーディングが落ちたりと、思う結果がなかなか出せませんでした。気持ちもふさぎましたが、先生のメルマガで新潟から教室に通っていた男性が900点を出したという内容を見て奮起しました。彼は同じクラスで席が近く、わからない問題を教えてもらったこともあり、自分のことのように嬉しかったです。

幸いにも仕事は教室に通う前に決まり働いていますが、今年4月付で夫が福岡に転勤することになりました。また職探しをしなければならなくなりましたが、今年は900点を目指します。900点を取ったからと言って、仕事が決まるわけではないかもしれませんが、読めなかった文章がわかるようになったり、試験にスピーキングがないにもかかわらず、ニュース番組で英語のインタビューがわかったりと驚くようなことが自分に起こってきています。

私はあと2年で50歳になりますが、脳と目がまだなんとかなるうちに頑張っておきたいと思っています。先生の本に出会え、クラスに出席し、なんとか少し形にできたので嬉しく思っております。

5章

パート7によく出る単語・熟語

【パート7】

リーディングセクション、パート7の「読解問題」によく出る単語・熟語を集めました。パート4にも出る、少し難しめの単語とビジネス関連の単語が多いです。

第1問

< advertisement >

この単語の、もっとも適切な日本語を選びなさい。

(1) 広告

(2) 進歩

(3) 交替

第2問

< describe >

この単語の、もっとも適切な日本語を選びなさい。

(1) 述べる

(2) 誇張する

(3) 見積もる

第1問の答え　(1) 広告

< advertisement >

[ǽdvərtáizmənt]【名詞】広告、宣伝

【解説】誰もが知っている単語で、TOEIC必須単語です。「広告」という意味で、リスニングセクションを中心に商品や会社の広告関連の話で頻繁に使われます。パート(7)の「読解問題」では、classified advertisement「求人広告」の classified が省略された形でもよく使われます。
【派生語】advertise（動）「広告する」、advertiser（名）「広告主」
【類語】publicity「広告、宣伝」
【例文】Our advertisements appear on TV, in magazines, and on the Internet.
訳:当社の宣伝はテレビ、雑誌、インターネットを通じて行なわれています。
【参考】(2) improvement　(3) replacement

第2問の答え　(1) 述べる

< describe >

[diskráib]【動詞】述べる、描写する、説明する

【解説】ビジネス必須単語で、リーディングセクションを中心によく使われます。名詞の description「記述、説明」は、パート(5)で written description「書面による明細」という表現を問う問題として数度出題されています。仕事で英語を読む機会の多い人にとっては見慣れた単語です。
【派生語】description（名）「説明、描写」、descriptive（形）「説明的な」
【類語】illustrate「説明する、描写する」、state「述べる」、express「表現する」
【例文】The patient described his symptoms to the doctor.
訳:患者は自分の症状を医者に説明しました。
【参考】(2) exaggerate　(3) estimate

第 3 問

< state >

この単語の、もっとも適切な日本語を選びなさい。

(1) 拒否する

(2) 述べる

(3) 制限する

第 4 問

< summarize >

この単語の、もっとも適切な日本語を選びなさい。

(1) 固執する

(2) 最小限にする

(3) 要約する

第3問の答え　(2) 述べる

< state >

[stéit]　【動詞】述べる、言明する

【解説】リーディングセクションのパート(7)で使われることもありますが、パート(3)の「会話問題」の設問文で使われることも多いです。名詞の statement は、「発言、記述」以外にも、financial statements「財務諸表」のように「計算書」という意味で使われる場合があります。動詞、名詞ともに覚えておきましょう。

【類語】express「述べる、表現する」、announce「発表する、公表する」

【例文】The laws state that driving under the influence of alcohol is a crime.
訳：法律には酒気帯び運転は犯罪であると明記されています。

【参考】(1) reject　(3) restrict

第4問の答え　(3) 要約する

< summarize >

[sʌ́məràiz]　【動詞】要約する、手短に述べる

【解説】名詞の summary「要約」とあわせてビジネスでよく使われる単語で、TOEIC ではパート(7)の「読解問題」の設問文で使われることが多いです。他にリスニングセクションのパート(3)や(4)で使われることもあります。

【派生語】summary（名）「要約」

【類語】abstract「要約する」、wrap up「要約する」

【例文】He summarized the main points of the negotiation in his e-mail.
訳：彼はその交渉の重要なポイントを電子メールで手短に述べました。

【参考】(1) adhere　(2) minimize

第 5 問

< authorize >

この単語の、もっとも適切な日本語を選びなさい。

(1) 分析する

(2) 助成金を与える

(3) 権限を与える

第 6 問

< prove >

この単語の、もっとも適切な日本語を選びなさい。

(1) 進む

(2) 追求する

(3) 証明する

【5章 パート7によく出る単語・熟語】 277

第5問の答え　(3) 権限を与える

< authorize >

[ɔ́:θəràiz]【動詞】権限を与える、許可を与える、公認する

【解説】権限を持っている人しか使えない単語なので、使い方に気をつけなければなりません。権限を持った人が相手に、We authorize you to begin manufacturing this washing machine. のように言います。権限がない場合には、例えば、I am not to authorize that. のように答えます。パート(7)の「読解問題」で使われることがあります。

【派生語】authority (名)「権威、権力者」

【類語】certify「認証する、資格を与える」、endorse「承認する」

【例文】Employees are not authorized to use the company parking lot for their own cars.
訳：従業員が自分の車を会社の駐車場に駐車することは許可されていません。

【参考】(1) analyze　(2) subsidize

第6問の答え　(3) 証明する

< prove >

[prú:v]【動詞】証明する、立証する

【解説】簡単な単語ですが、リスニングセクション、リーディングセクションともによく使われます。「証明する」以外に、「〜であるとわかる」という意味で使われることも少なくなく、この意味で使われる場合は、〜 is proved to be ... と受動態になることが多いです。

【派生語】proof (名)「証明」、proved (形)「証明済みの」

【類語】validate「認証する」、verify「立証する」、confirm「確認する」

【例文】The prosecuting attorney must prove that the defendant is guilty.
訳：検察官は、被告人が有罪であることを立証しなければなりません。

【参考】(1) proceed　(2) pursue

第7問

< domestic >

この単語の、もっとも適切な日本語を選びなさい。

(1) 支配的な

(2) 名声のある

(3) 国内の

第8問

< personnel >

この単語の、もっとも適切な日本語を選びなさい。

(1) 事務員

(2) 人員

(3) 役員会

第7問の答え　(3) 国内の

< domestic >

[dəméstik] 【形容詞】国内の、自国の、家庭の

【解説】リスニングセクション、リーディングセクションの両方でよく使われます。domestic market「国内市場」、domestic production「国内生産」などのようにビジネスでも頻繁に使われる重要な単語です。
【派生語】domestically（副）「国内で」
【類語】local「地元の」、regional「地域の」
【例文】Domestic cars are currently selling better than imports.
訳：現在、国産車は輸入車よりも売れ行きが順調です。
【参考】(1) dominant　(2) prestigious

第8問の答え　(2) 人員

< personnel >

[pə̀:rsənél] 【名詞】人員、全職員、人事部

【解説】リスニングセクション、リーディングセクションの両方で頻繁に使われる単語です。personnel を形容詞的に「人事の」という意味で使うこともあります。personnel department「人事部」という表現もリスニングセクションのパート(2)、(3)、リーディングセクションのパート(7)などで使われます。personnel だけでも「人事部」という意味になります。
【類語】workforce「労働力、人員」、manpower「人材、人員」
【例文】The personnel in the foreign office could not meet the expectations of headquarters.
訳：その海外支社の人員は本社の期待に添うことができませんでした。
【参考】(1) clerk　(3) board of directors

第 9 問

< conclude >

この単語の、もっとも適切な日本語を選びなさい。

(1) 排除する

(2) 結論を下す

(3) 含む

第 10 問

< specify >

この単語の、もっとも適切な日本語を選びなさい。

(1) 通知する

(2) 確認する

(3) 明記する

第9問の答え　（2）結論を下す

< conclude >

[kənklú:d]【動詞】結論を下す、終える、終了させる

【解説】ビジネス必須単語なので、リスニングセクション、リーディングセクションの両方でよく使われます。concludeは、名詞 conclusion を使って make a conclusion と表現されることもあります。名詞の conclusion「結論」も TOEIC 必須単語です。
【派生語】conclusion「結論」、conclusive「決定的な、最終的な」、conclusively「決定的に」
【類語】decide「決定する」、judge「判断する」
【例文】The investigators concluded that the cause of the fire was electrical.
訳：捜査員は火災の原因は電気によるものだと結論づけました。
【参考】（1）exclude　（3）include

第10問の答え　（3）明記する

< specify >

[spésəfài]【動詞】明記する、明細に述べる、指定する

【解説】パート（7）の「読解問題」を中心に主にリーディングセクションで使われますが、頻出単語ではありません。名詞の specification(s)「仕様書、明細書、設計書」とともに、ビジネス関連の英文では頻繁に使われる重要な単語です。
【派生語】specification(s)（名）「仕様」、specifiable（形）「明記できる」
【類語】identify「特定する」、define「定義する、限定する」
【例文】The customer needs to specify the quantity of units in his order.
訳：顧客は注文書に数量を明記する必要があります。
【参考】（1）notify　（2）identify

第 11 問

< make progress >

この熟語の、もっとも適切な日本語を選びなさい。

(1) 手段を講じる

(2) 進歩する

(3) 建てなおす

第 12 問

< tentative >

この単語の、もっとも適切な日本語を選びなさい。

(1) 無料の

(2) 包括的な

(3) 仮の

第11問の答え　　（2）進歩する

< make progress >

【熟語／慣用表現】進歩する

【解説】ビジネスでよく使う表現です。パート(4)の「説明文問題」やパート(7)の「読解問題」を中心にTOEICでも時々使われます。
【類語】progress「進歩する」、advance「前進する、進歩する」、develop「進展する」
【例文】They have made significant progress in the peace negotiations.
訳：彼らは和平交渉において大幅な進歩を遂げました。
【参考】(1) take measures　(3) turn around

第12問の答え　　（3）仮の

< tentative >

[téntətiv]【形容詞】仮の、一時的な、試験的な

【解説】tentative agreement「暫定合意」、tentative schedule「暫定的なスケジュール」などのようにビジネスで頻繁に使われる単語です。パート(5)で「語彙問題」として出題されたこともありますが、パート(7)の「読解問題」でも時々使われます。
【派生語】tentatively（副）「一時的に」
【類語】provisional「一時的な」、temporary「一時的な」
【例文】The secretary made a tentative schedule for the president but it can be altered.
訳：秘書が社長の暫定的なスケジュールを作成しましたが、変更は可能です。
【参考】(1) complimentary　(2) comprehensive

第 13 問

< maintain >

この単語の、もっとも適切な日本語を選びなさい。

(1) 成し遂げる

(2) 監督する

(3) 維持する

第 14 問

< memorandum >

この単語の、もっとも適切な日本語を選びなさい。

(1) 連絡文書

(2) 原稿

(3) 参照

【5章 パート7によく出る単語・熟語】

第13問の答え　　(3) 維持する

< maintain >

[meintéin]【動詞】維持する、続ける、保つ

【解説】リスニングセクション、リーディングセクションの両方でよく使われる単語です。名詞の maintenance「維持、持続、保守」が半分日本語になっているので、意味は簡単に推測できるはずです。
【派生語】maintenance（名）「維持、管理」、maintainable（形）「維持可能な」
【類語】continue「持続させる」、sustain「維持する、持続させる」
【例文】The company has maintained its position as the market leader for the past three years.
訳：その会社は過去3年間、業界リーダーとしての地位を保ってきました。
【参考】(1) accomplish　(2) oversee

第14問の答え　　(1) 連絡文書

< memorandum >

[mèmərǽndəm]【名詞】連絡文書、覚書、備忘録、社内伝言

【解説】パート(7)の「読解問題」で頻繁に見かける単語です。memorandum を省略して memo と書かれている場合もあります。TOEIC では「社内連絡文書」という意味で使われる場合が多いですが、もともとの「(~に関する) 覚書、備忘録、簡単な記録」という意味で、こちらの意味で使われることも多いです。
【類語】note「メモ、短い手紙」
【例文】She wrote a memorandum to the employees about safety procedures.
訳：彼女は安全手順に関して従業員向けに社内メモを書きました。
【参考】(2) manuscript　(3) reference

第 15 問

< graduate >

この単語の、もっとも適切な日本語を選びなさい。

(1) 卒業する

(2) 審査する

(3) 資格を与える

第 16 問

< agreement >

この単語の、もっとも適切な日本語を選びなさい。

(1) 同意

(2) 結果

(3) 書類

第 15 問の答え　　　(1) 卒業する

< graduate >
[grǽdʒuèit]【動詞】卒業する

【解説】リスニングセクションのパート(3)や(4)、リーディングセクションのパート(7)で使われる単語です。動詞以外にも、「卒業生」という意味の名詞としても頻繁に使われ、特にパート(7)では、I am a graduate of ~ University.「私は~大学の卒業生です」のような表現が求人広告に応募する人の手紙やメールで使われることが多いです。
【派生語】graduation（名）「卒業」
【類語】finish「（学校を）卒業する」、enter「入学する」、enroll in「~に入学する」
【例文】He was graduated from the university with a degree in marketing.
訳：彼は大学でマーケティングの学位を取って卒業しました。
【参考】(2) screen　(3) certify

第 16 問の答え　　　(1) 同意

< agreement >
[əgríːmənt]【名詞】同意、協定、契約

【解説】ビジネス必須単語で、リスニングセクションを中心によく使われます。confidential agreement「機密協定」や、trade agreement「貿易協定」などのように、ビジネス関連の英文で頻繁に使われます。
【派生語】agree（動）「同意する」、agreeable（形）「同意する、ふさわしい」
【類語】accord「合意」、consensus「意見の一致」、contract「契約」
【例文】The terms of the agreement are acceptable to both sides.
訳：その契約条件は双方にとって受け入れ可能な内容です。
【参考】(2) consequence　(3) document

第 17 問

< additional >

この単語の、もっとも適切な日本語を選びなさい。

(1) 十分な

(2) 寛大な

(3) 追加の

第 18 問

< draw up >

この熟語の、もっとも適切な日本語を選びなさい。

(1)（文書を）作成する

(2) 書き留める

(3) 記入する

第17問の答え (3) 追加の

< additional >

[ədíʃənl]【形容詞】追加の、付加された

【解説】パート(4)の「説明文問題」や、パート(7)の「読解問題」でよく使われる単語です。名詞の addition「追加」もパート(5)で「品詞問題」として出題されたことがあります。additional information「追加情報」、additional requirement「追加要件」、additional service「追加サービス」などのようにビジネスで使うことが多いです。
【派生語】add（動）「加える」、additionally（副）「さらに、加えて」
【類語】further「さらなる」、supplementary「追加の」
【例文】If you have any additional questions, please feel free to contact me at anytime.
訳:他にも何かご質問がございましたら、いつでもお気軽にご連絡ください。
【参考】(1) sufficient (2) generous

第18問の答え (1) (文書を)作成する

< draw up >

【熟語／慣用表現】(文書を)作成する

【解説】ビジネスでよく使われる表現です。TOEIC ではリスニングセクションを中心に使われますが、リーディングセクションでもパート(7)の「読解問題」で使われます。draw up a budget「予算(案)を作る」、draw up a list「リストを作る」、draw up a plan「企画を作る」などのような表現を覚えておけばビジネスで便利に使えます。
【類語】prepare「(文書を) 作成する」、draft「原稿を書く」
【例文】The architect drew up a blueprint of the building's design.
訳:建築家はそのビルの設計図の青写真を作成しました。
【参考】(2) write down (3) fill in

第 19 問

< profession >

この単語の、もっとも適切な日本語を選びなさい。

(1) 任務

(2) 職業

(3) 割当て

第 20 問

< publicize >

この単語の、もっとも適切な日本語を選びなさい。

(1) 公表する

(2) 提示する

(3) 報道する

第19問の答え　(2) 職業

< profession >
[prəféʃøn]【名詞】職業、専門職

【解説】リスニングセクション、リーディングセクションの両方で使われ、半ば日本語になっている簡単な単語です。海外旅行の際に提出を求められる入国審査用の書類に、professionという欄もあるので知らない人は少ないはずです。
【派生語】professional（形）「職業上の、プロの」、professionally（副）「専門的に」
【類語】employment「勤務」、career「職業」、vocation「職業」
【例文】Anyone seeking a job in the medical profession must be committed to enduring long hours.
訳：医療関係の専門職に就こうとしている人は、長時間労働に耐える覚悟がなくてはなりません。
【参考】(1) assignment　(3) allocation

第20問の答え　(1) 公表する

< publicize >
[pʌ́bləsàiz]【動詞】公表する、広告する

【解説】パート(7)の「読解問題」で出る記事や、出版イベントに関する話などで、使われることが多い単語です。そのような英文では、名詞のpublication「公表、出版、出版物」も使われることが多いので一緒に覚えましょう。
【派生語】public（形）「公の」、publicly（副）「公に」、publicity（名）「広報」
【類語】advertise「広告する」、publish「公表する、出版する」、release「公表する、公開する」
【例文】News of the politician's illness was widely publicized.
訳：その政治家の病気に関するニュースが大々的に公表されました。
【参考】(2) present　(3) cover

第 21 問

< lay off >

この熟語の、もっとも適切な日本語を選びなさい。

(1) 判明する

(2) 一時解雇する

(3) 延期する

第 22 問

< ratio >

この単語の、もっとも適切な日本語を選びなさい。

(1) 割当て

(2) 配布

(3) 割合

第 21 問の答え　（2）一時解雇する

< lay off >

【熟語／慣用表現】一時解雇する

【解説】パート(3)の「会話問題」、パート(4)の「説明文問題」、パート(7)の「読解問題」などで時々使われる単語です。続けて layoff と 1 語にすると「一時解雇」という意味の名詞になります。半分日本語として使われているので意味は推測できると思います。

【例文】The company will lay off over 200 employees within the next year.
訳：その会社は来年中に 200 人を超す人員を一時解雇する予定です。

【参考】(1) turn out　(3) put off

第 22 問の答え　（3）割合

< ratio >

[réiʃou]【名詞】割合、比率

【解説】ビジネス必須単語です。経済学系の教科書やビジネス関連のレポートなどで頻繁に使われる単語です。ratio of A to B「A の B に対する比」という表現を覚えておけば仕事で便利に使えます。TOEIC ではリーディングセクションで使われることがあります。

【類語】proportion「割合」、rate「割合」

【例文】The ratio of teachers to students at this university is 1:13.
訳：この大学の教員対学生の比率は 1 対 13 です。

【参考】(1) allocation　(2) distribution

第 23 問

< skeptical >

この単語の、もっとも適切な日本語を選びなさい。

(1) 懐疑的な

(2) 疑わしい

(3) あいまいな

第 24 問

< expenditure >

この単語の、もっとも適切な日本語を選びなさい。

(1) 資金集め

(2) 予算

(3) 支出

【5章 パート7によく出る単語・熟語】 295

第 23 問の答え　　(1) 懐疑的な

< skeptical >

[sképtikl]【形容詞】懐疑的な、疑い深い

【解説】どちらかと言えば多少フォーマルな英文で使われることが多い単語です。TOEIC では、パート (7) の記事で使われる場合が大半です。その他、「20 パーセントの利益を上げられるかどうか懐疑的だ」などのように、ビジネス関連のレポートでも時々使われます。
【派生語】skeptic（名）「疑い深い人」
【類語】distrustful「疑い深い」、suspicious「疑念に満ちた」
【例文】Consumers remain skeptical about raw food imported from the developing country.
訳：消費者は、その開発途上国から輸入される生鮮食料について依然として懐疑的です。
【参考】(2) doubtful　(3) ambiguous

第 24 問の答え　　(3) 支出

< expenditure >

[ikspénditʃər]【名詞】支出、経費、費用

【解説】「支出」の他に「経費」という意味でも使われます。会話ではどちらかと言うと似た意味の expense のほうがよく使われ、expenditure はどちらかと言えば多少フォーマルなビジネス関連の英文で使われる場合が多いです。パート (7) の「読解問題」に出てくることがありますが、頻度は高くありません。expenditure は覚えておけば仕事で使えます。
【派生語】expend（動）「費やす、消費する」
【類語】cost「経費」、expense「経費」
【例文】The company expenditure for acquiring raw materials was larger than expected.
訳：原料調達のためにその会社が支出した金額は予想を上回りました。
【参考】(1) fund-raising　(2) budget

第 25 問

< environment >

この単語の、もっとも適切な日本語を選びなさい。

(1) 承認

(2) 郊外

(3) 環境

第 26 問

< regulations >

この単語の、もっとも適切な日本語を選びなさい。

(1) 条項

(2) 基準

(3) 規則

第 25 問の答え　　　(3) 環境

< environment >

[enváiərnmənt]【名詞】環境、周囲の状況

【解説】environment は、環境問題などの「環境」以外にも、working environment「労働環境」のように「状況」という意味で使われることも多く、主にパート(7)の「読解問題」で使われます。

【派生語】environmental（形）「環境の」、environmentally（副）「環境的に」

【類語】surroundings「環境」、setting「状況、環境」

【例文】Manufacturers are trying to minimize automobiles' impact on the environment.
訳：各メーカーは自動車が環境に与える影響を最小限に抑えるよう努力しています。

【参考】(1) approval　(2) suburb

第 26 問の答え　　　(3) 規則

< regulations >

[règjəléiʃənz]【名詞】規則、規定、規制

【解説】「法規」のように法律的な意味と、社内の規則などのような「規則」という意味の２つがあります。TOEIC では「規則」という意味で使われる場合が大半で、中でもパート(7)の「読解問題」で使われることが多いです。

【派生語】regulate（動）「規制する」、regulatory（形）「規制上の」

【類語】rule「規則」、code「規約」、guideline「指針」

【例文】The power plant is required to operate according to government regulations.
訳：発電所は国の規則にしたがって稼動することが求められます。

【参考】(1) clause　(2) criteria

第 27 問

< found >

この単語の、もっとも適切な日本語を選びなさい。

(1) 分類する

(2) 設立する

(3) 移転する

第 28 問

< in response to >

この熟語の、もっとも適切な日本語を選びなさい。

(1) 〜に応えて

(2) 〜の代わりに

(3) 〜を犠牲にして

第27問の答え (2) 設立する

< found >
[fáund] 【動詞】設立する、創設する

【解説】パート(7)の「読解問題」で会社関係の話が出ることがあり、そのような英文では「設立したのは～」「設立者は～」という表現が使われることがあります。found「設立する」とともに、founder「設立者」も一緒に覚えておきましょう。
【派生語】foundation（名）「創立」、founding（名、形）「創立(の)」
【類語】establish「設立する」、set up「設立する」
【例文】Our company was founded in 1935 by Mr. B.N. Saxena.
訳：弊社は1935年にB.N.サクセナ氏によって設立されました。
【参考】(1) sort (3) relocate

第28問の答え (1) ～に応えて

< in response to >
【熟語／慣用表現】～に応えて

【解説】in response to your inquiry「お問い合わせにお応えして」のような英文で使われることが多い、ビジネス必須表現です。パート(5)で「熟語問題」として出題されたこともありますが、パート(3)の「会話問題」やパート(7)の「読解問題」での手紙文などでもよく使われます。
【類語】at the request of「～の要求に応えて」
【例文】In response to public demand, a parking lot for bicycles was built near the station.
訳：住民からの要望に応え、駅の近くに駐輪場が建設されました。
【参考】(2) instead of (3) at the cost of

第29問

< constitute >

この単語の、もっとも適切な日本語を選びなさい。

(1) 妥協する

(2) 構成する

(3) 代表する

第30問

< cordially >

この単語の、もっとも適切な日本語を選びなさい。

(1) 綿密に

(2) 心から

(3) 忠実に

第29問の答え　(2) 構成する

< constitute >

[kánstət(j)ùːt]【動詞】構成する、制定する

【解説】ビジネス関連の英文では「制定する」より「構成する」という意味で使われることのほうが多く、TOEICでもパート(7)の「読解問題」などで、「構成する」という意味で出ることがあります。

【派生語】constitution「構成、憲法」、constitutional「構成上の、憲法上の」

【類語】compose「構成する」、make up「構成する」、comprise「～から成る」、consist of「～から成る」

【例文】Making investments based upon insider information constitutes a crime.
訳：内部情報に基づく投資行為は犯罪となります。

【参考】(1) compromise　(3) represent

第30問の答え　(2) 心から

< cordially >

[kɔ́ːrdʒəli]【副詞】心から、誠意を持って

【解説】相手に感謝の気持ちを伝える手紙などで使われることが多い単語で、ビジネス関連の手紙やメールでもよく使われます。そのためか、TOEICでもパート(6)の「長文穴埋め問題」やパート(7)の「読解問題」の手紙文で使われることがあります。

【派生語】cordial (形)「心のこもった」

【類語】sincerely「心から」、heartily「心から、熱心に」

【例文】You are cordially invited to attend the retirement party of Mr. Joshua Nolan.
訳：あなたをジョシュア・ノーラン氏の退職記念パーティーに心よりご招待申し上げます。

【参考】(1) closely　(3) faithfully

第 31 問

< courtesy >

この単語の、もっとも適切な日本語を選びなさい。

(1) 礼儀正しいこと

(2) 寛大

(3) 尊敬

第 32 問

< established >

この単語の、もっとも適切な日本語を選びなさい。

(1) 傑出した

(2) 広範囲の

(3) 確立した

第31問の答え (1) 礼儀正しいこと

< courtesy >

[kə́:rtəsi] 【名詞】礼儀正しいこと、丁寧、親切

【解説】相手に感謝の気持ちを伝える手紙などで使われることが多いせいか、パート(7)の「読解問題」での手紙文で使われることがありますが、頻度は高くありません。使い方を覚えておけば仕事で手紙を書く際に使えます。
【派生語】courteous（形）「礼儀正しい」、courteously（副）「礼儀正しく」
【類語】politeness「丁寧、礼儀正しさ」
【例文】He installed the software himself as a courtesy to his customer.
訳：彼は顧客への厚意としてそのソフトウェアを自らインストールしました。
【参考】(2) generosity (3) respect

第32問の答え (3) 確立した

< established >

[istǽbliʃt] 【形容詞】確立した、定評のある、認められた

【解説】ビジネス関連の英文で使われることが多いです。動詞 establish「確立する、設置する」の意味を知っていれば、established の意味を推測することができるはずです。パート(4)の「説明文問題」やパート(7)の「読解問題」で使われます。
【派生語】establish（動）「確立させる」、establishment（名）「設立、組織」
【類語】proven「立証された、実績のある」
【例文】The newly issued stocks of the established financial institution sold out immediately.
訳：名の知れたその金融機関の新規発行株は即座に売り切れとなりました。
【参考】(1) outstanding (2) extensive

第 33 問

< household >

この単語の、もっとも適切な日本語を選びなさい。

(1) 家事

(2) 家政婦

(3) 家庭

第 34 問

< attempt >

この単語の、もっとも適切な日本語を選びなさい。

(1) 試み

(2) 発展

(3) 見積り

第33問の答え　(3) 家庭

< household >
[háushòuld]【名詞】家庭

【解説】日常的に使われる単語で、TOEIC ではパート(3)の「会話問題」、パート(4)の「説明文問題」、パート(7)の「読解問題」を中心に使われます。household appliance「家庭用品」、household equipment「家具調度品」、household income「世帯収入」などのように形容詞の household も日常生活で頻繁に使われます。

【派生語】householder（名）「世帯主、家屋所有者」

【例文】Four out of five households in urban areas have more than two television sets.
訳：都市部の5世帯のうち4世帯がテレビを2台以上持っています。

【参考】(1) housework　(2) housekeeper

第34問の答え　(1) 試み

< attempt >
[ətémpt]【名詞】試み、企て、攻撃

【解説】名詞の attempt は動詞の attempt「試みる」とともに、リスニング、リーディング両セクションで使われます。頻出単語ではありませんが、覚えておけば仕事でも便利に使えます。

【類語】effort「試み、取り組み」、endeavor「努力、試み」、trial「試み」

【例文】There was an attempt by the large publishing company to expand overseas.
訳：その大手出版社は海外展開をしようと試みました。

【参考】(2) evolution　(3) estimate

第 35 問

< verification >

この単語の、もっとも適切な日本語を選びなさい。

(1) 資格

(2) 身分証明

(3) 確認

第 36 問

< relevant to >

この熟語の、もっとも適切な日本語を選びなさい。

(1) 〜より前に

(2) 〜より優れた

(3) 〜に関連する

第35問の答え　(3) 確認

< verification >

[vèrəfikéiʃən]　【名詞】確認、照合、証明

【解説】事実の確認、暗証番号の照合などはビジネスでは必要な行為です。そのため、パート(7)の「読解問題」で使われることがあります。少しフォーマルな単語ですが、動詞の verify とともにビジネス関連の英文でよく使われます。

【派生語】verify（動）「照合する」、verified（形）「実証された」

【類語】checkup「照合」、confirmation「立証」、validation「検証」

【例文】The credit card company called his employer for verification of his status.
訳：クレジットカード会社は、彼の雇用主に電話して、雇用状況を確認しました。

【参考】(1) qualification(s)　(2) identification

第36問の答え　(3) ～に関連する

< relevant to >

【熟語／慣用表現】～に関連する、～に関する

【解説】パート(7)の「読解問題」で使われることがあります。A relevant to B の形で使われることが多いです。A relevant to B で「B に関連する A」という意味になります。

【派生語】relevance（名）「関連性」

【類語】pertinent to「～に関連がある」、related to「～に関連がある」、irrelevant to「～と関係がない」

【例文】The materials submitted by the architect were relevant to the building of the new plant.
訳：その建築士が提出した資料は、新工場建設に関するものです。

【参考】(1) prior to　(2) superior to

第 37 問

< surpass >

この単語の、もっとも適切な日本語を選びなさい。

(1) 除外する

(2) 成功する

(3) 超える

第 38 問

< phase >

この単語の、もっとも適切な日本語を選びなさい。

(1) 段階

(2) 手段

(3) 持続期間

第37問の答え　(3) 超える

< surpass >

[sə:rpǽs]【動詞】超える、勝る

【解説】多少フォーマルな単語なので、パート(4)の「説明文問題」やパート(7)の「読解問題」で使われることがあります。パート(5)で空欄前に置かれ、この単語の意味がわからなければ空欄部分に何を入れればいいのかわからないといった、正解を導くためのキーワードとして使われたりもします。

【類語】exceed「越える」、beat「しのぐ、勝る」、top「～より勝る」

【例文】The company hopes to surpass its previous sales record.
訳：その会社では、これまでの販売記録を更新したいと考えています。

【参考】(1) exclude　(2) succeed

第38問の答え　(1) 段階

< phase >

[féiz]【名詞】段階、局面

【解説】ビジネスにはさまざまな段階や局面があるので、ビジネス関連の会話や英文で時々使われる単語です。TOEICでは主にパート(3)の「会話問題」、パート(4)の「説明文問題」、パート(7)の「読解問題」などで使われます。

【派生語】phase（動）「段階的に実行する」、phased（形）「段階的な」

【類語】grade「段階」、stage「段階」、step「段階」

【例文】The first phase of the tower construction will be completed by the end of summer.
訳：そのタワーの第一期建設工事は、夏の終わりまでには完了します。

【参考】(2) means　(3) duration

第 39 問

< excess >

この単語の、もっとも適切な日本語を選びなさい。

(1) 残りの

(2) 超過した

(3) 追加の

第 40 問

< alter >

この単語の、もっとも適切な日本語を選びなさい。

(1) 変える

(2) 値する

(3) 断る

[5章 パート7によく出る単語・熟語]

第39問の答え (2) 超過した

< excess >
[iksés]【形容詞】超過した、余分の

【解説】ビジネス関連の英文で使われることが多い単語で、excess amount of, excess number of などのような表現で使われることが多いです。他にも、excess demand「需要過剰」やexcess inventory「在庫過剰」などさまざまな表現で使われます。名詞も同じ excess「超過」で、名詞も形容詞も、主にリーディングセクションで使われます。
【派生語】excessive（形）「過度の」、excessively（副）「過度に」
【類語】overflow「過剰」、oversupply「供給過剰」、surplus「過剰」
【例文】Baggage in excess of 40 kilograms will not be accepted as checked luggage.
訳：40キロを超える手荷物は、預かり荷物として受け付けてもらえません。
【参考】(1) remaining (3) additional

第40問の答え (1) 変える

< alter >
[ɔ́:ltər]【動詞】変える、改める

【解説】多少フォーマルな単語なので、ビジネス関連の英文には使われますが、日常生活では同じ意味のもう少し簡単な単語を使うことが多いです。ビジネスで頻繁に使う単語に alter の派生語 alternative「代案、代替物、選択肢」があります。
【派生語】alteration（名）「変更、修正」
【類語】modify「修正する」、revise「改訂する」、vary「変える」
【例文】Tax laws will be radically altered next year.
訳：税法が来年、根本的に改定されます。
【参考】(2) deserve (3) decline

第 41 問

< summary >

この単語の、もっとも適切な日本語を選びなさい。

(1) 制限

(2) 要約

(3) 指示

第 42 問

< initial >

この単語の、もっとも適切な日本語を選びなさい。

(1) 先立つ

(2) あとの

(3) 最初の

第41問の答え　　(2) 要約

< summary >

[sʌ́məri]【名詞】要約、概略、まとめ

【解説】動詞の summarize「要約する」とともに、リスニング、リーディング両セクションでよく使われます。語頭の sum には「合計、総計」という意味があります。summary は半分日本語にもなっている簡単な単語です。
【派生語】summarize（動）「要約する」
【類語】outline「概略」、sum「大意」
【例文】The secretary wrote a summary of the important meeting so that it could be released to the press.
訳：報道機関に発表することができるように、秘書はその重要な会議の要約を作成しました。
【参考】(1) restriction　(3) indication

第42問の答え　　(3) 最初の

< initial >

[iníʃl]【形容詞】最初の、初期の

【解説】initial budget「当初予算」、initial fee「入会金」、initial price「売り出し価格」などのようにビジネス関連の英文でもよく使われる単語です。TOEIC ではパート(4)の「説明文問題」やパート(7)の「読解問題」を中心に使われます。
【派生語】initially（副）「最初に」、initialize（動）「初期化する」
【類語】first「最初の」、foremost「最初の」
【例文】In the initial stages of the project, they created a work plan and a schedule.
訳：プロジェクトの最初の段階で、彼らは作業計画と予定表を作成しました。
【参考】(1) preceding　(2) subsequent

第 43 問

< influence >

この単語の、もっとも適切な日本語を選びなさい。

(1) 影響

(2) 基盤

(3) 施設

第 44 問

< furthermore >

この単語の、もっとも適切な日本語を選びなさい。

(1) それにもかかわらず

(2) さらに

(3) したがって

第43問の答え　(1) 影響

< influence >
[ínfluəns]【名詞】影響、影響力

【解説】TOEIC では「～への影響」という意味で使われることが多いです。その場合 influence on と前置詞には on を使います。同じ形の動詞 influence が出ることもあります。

【派生語】influence（動）「影響を与える」、influential（形）「影響力のある」

【類語】impact「影響」

【例文】The rising oil cost has had a strong influence on the airline industry.
訳：石油価格の上昇により、航空業界に大きな影響をもたらしました。

【参考】(2) foundation　(3) institution

第44問の答え　(2) さらに

< furthermore >
[fə́:rðərmɔ̀:r]【副詞】さらに、その上

【解説】文頭に置き、その後ろにコンマを付けて使うことが多い副詞です。TOEIC では、リーディングセクション、特にパート(7)の「読解問題」を中心に使われる単語です。

【類語】additionally「さらに」、besides「その上」、further「さらに」、moreover「さらに」

【例文】Our sales have been affected by increasing competition. Furthermore, awareness of our brand has been decreasing.
訳：当社の売上は激化する競争のあおりを受けています。その上当社のブランドの認知度は低下しています。

【参考】(1) nevertheless　(3) therefore

第 45 問

< legal >

この単語の、もっとも適切な日本語を選びなさい。

(1) 法律の

(2) 市民の

(3) 犯罪の

第 46 問

< tendency >

この単語の、もっとも適切な日本語を選びなさい。

(1) 問合せ

(2) 傾向

(3) 点検

第45問の答え (1) 法律の

< legal >

[líːgl] 【形容詞】法律の、合法の、法定の

【解説】簡単な単語ですが、ビジネス必須単語です。リーディングセクションのパート(7)の「読解問題」で主に使われる単語です。「法務部」は legal department と言います。
【派生語】legally（副）「法律的に」
【類語】legitimate「合法な」
【例文】His lawyer gives him useful legal advice.
訳：彼の弁護士は彼に法律に関する有益な助言をします。
【参考】(2) civil (3) criminal

第46問の答え (2) 傾向

< tendency >

[téndənsi] 【名詞】傾向、性向

【解説】日常会話でも使われますが、ビジネス関連の英文でもよく使われます。tendency to、tendency toward の形で使われることが多いです。TOEIC ではリーディングセクションを中心に使われます。
【派生語】tend（動）「(〜する) 傾向がある」
【類語】inclination「傾向」、movement「動向、傾向」、trend「動向、傾向」
【例文】Consumers have a tendency to seek out name brand goods.
訳：消費者は一流ブランドの品物を探し求める傾向があります。
【参考】(1) inquiry (3) inspection

第 47 問

< desirable >

この単語の、もっとも適切な日本語を選びなさい。

(1) 広々とした

(2) 客観的な

(3) 望ましい

第 48 問

< edition >

この単語の、もっとも適切な日本語を選びなさい。

(1) (出版物の)版

(2) 著作権

(3) 発行物

第47問の答え　　(3) 望ましい

< desirable >

[dizáiərəbl]【形容詞】望ましい

【解説】パート(7)を中心に出題される求人広告で「〜である人が望ましい」などのような表現が出ることが多く、「望ましい」という意味の desirable や desired が使われます。リスニング、リーディングの両セクションで使われます。
【派生語】desire（動）「強く望む」、desired（形）「望まれた」
【類語】agreeable「好ましい」、undesirable「望ましくない」
【例文】Due to the higher salaries, IT jobs have become desirable to recent graduates.
訳：給料が高いため、IT関連の仕事は最近の大卒者にとって魅力的なものになっています。
【参考】(1) spacious　(2) objective

第48問の答え　　(1)（出版物の）版

< edition >

[idíʃən]【名詞】(出版物の)版

【解説】本の出版の話や、出版社から定期購読者への手紙、定期購読者から出版社への手紙などがパート(7)の「読解問題」で時々出ますが、そのような英文で使われます。派生語の editor「編集者」もパート(7)で頻繁に使われます。一緒に覚えましょう。
【派生語】edit（動）「編集する」、editor（名）「編集者」、editing（名）「編集」
【類語】version「版」、issue「号」
【例文】The magazine publishes an edition specifically for distribution in Asia.
訳：その雑誌はアジアだけをマーケットとした版を発行しています。
【参考】(2) copyright　(3) issue

第 49 問

< article >

この単語の、もっとも適切な日本語を選びなさい。

(1) 論評

(2) 図面

(3) 記事

第 50 問

< feature >

この単語の、もっとも適切な日本語を選びなさい。

(1) 位置を定める

(2) 宣言する

(3) 特集を組む

第49問の答え　(3) 記事

< article >

[á:rtikl] 【名詞】記事、項目、品物

【解説】パート(7)で記事が出題されるので、article は問題文だけでなく設問文でも頻繁に使われます。また、Questions 165-168 refer to the following article. のように、問題文の上に記載されている説明文でも頻繁に使われます。
【類語】editorial「社説」、report「報道」、review「論評」
【例文】The article in the financial newspaper was in favor of the lowering of tariffs.
訳：その金融新聞の記事は関税の引き下げに好意的な内容でした。
【参考】(1) review　(2) blueprint

第50問の答え　(3) 特集を組む

< feature >

[fí:tʃər] 【動詞】特集を組む、特徴付ける

【解説】TOEIC では名詞の「特徴」、動詞の「特徴付ける」という意味で使われることが多く、この意味は知っている人が多いです。一方、動詞の「特集を組む」という意味は知らない人がかなりいます。雑誌などの話で「(雑誌などに)特集を組む」という意味での feature がパート(7)の「読解問題」で時々使われます。名詞は「特集」という意味もあります。
【派生語】featured（形）「特集された」
【類語】highlight「呼び物にする」
【例文】Next month's magazine will feature an interview with the famous painter.
訳：来月号の雑誌には、その有名な画家との特集とインタビュー記事を特集します。
【参考】(1) position　(2) declare

第 51 問

< correspondence >

この単語の、もっとも適切な日本語を選びなさい。

(1) 通信

(2) 出版

(3) 定期購読

第 52 問

< rely on >

この熟語の、もっとも適切な日本語を選びなさい。

(1) 〜を説明する

(2) 〜を主張する

(3) 〜を頼る

【5章　パート7によく出る単語・熟語】

第51問の答え　(1) 通信

< correspondence >

[kɔ̀:rəspándəns]【名詞】通信、文通、一致、調和

【解説】パート(7)の「読解問題」で使われることがあります。TOEICでは主に「通信」という意味で使われますが、「通信、往復書簡、(記者が新聞や雑誌に寄せる) ニュース」などの他に、「一致、調和」という意味もあります。
【派生語】correspond (動)「通信する」、correspondent (名)「通信記者」
【類語】communication「通信」、message「通信文」
【例文】Most of his correspondences with clients are conducted through e-mail.
訳：彼が取引先と交わす通信の大部分はメールで行なわれています。
【参考】(2) publication　(3) subscription

第52問の答え　(3) ～を頼る

< rely on >

【熟語／慣用表現】～を頼る、～を信頼する、～を当てにする

【解説】「～を頼る」と言う場合、「前置詞には on を使う」と覚えておきましょう。TOEICでは名詞の reliability「信頼性」のほうがよく使われます。また、TOEICでは rely on と同じ意味を表す depend on も時々使われるので、一緒に覚えましょう。
【派生語】reliance (名)「依存」、reliable (形)「頼りにできる」、reliably (副)「頼もしく」、reliability (名)「信頼度」
【類語】count on「～を頼りにする」、depend「頼る」
【例文】The politician relies on his advisors to give input when he needs it.
訳：その政治家は、必要なときはアドバイザーを頼って助言を求めます。
【参考】(1) account for　(2) insist on

第 53 問

< reject >

この単語の、もっとも適切な日本語を選びなさい。

(1) 違反する

(2) 拒否する

(3) 犠牲にする

第 54 問

< emerge >

この単語の、もっとも適切な日本語を選びなさい。

(1) 交渉する

(2) 現れる

(3) 出発する

第53問の答え　(2) 拒否する

< reject >
[ridʒékt]【動詞】拒否する

【解説】reject an offer「提案を断る」、reject a plan「計画を退ける」などのようにビジネスで使われることも多く、TOEICではパート(4)の「説明文問題」やパート(7)の「読解問題」で使われることがあります。

【派生語】rejection（名）「拒否」、rejective（形）「拒否的な」

【類語】refuse「拒否する」、decline「拒否する、辞退する」

【例文】The computer company rejected the offer to buy its stock at a high price.
訳：そのコンピュータ会社は同社の株式を高額で買い入れるという申し出を断りました。

【参考】(1) violate　(3) sacrifice

第54問の答え　(2) 現れる

< emerge >
[imə́:rdʒ]【動詞】現れる、浮かび上がる、明らかになる

【解説】最近は emerging market「新興市場」という英語を頻繁に目にするので、ある程度 emerge の意味は推測できると思います。ビジネスでは、「何かの問題が浮上する」というような文脈で使うことが多く、パート(7)の「読解問題」などでもこの意味で用いられる場合が多いです。

【派生語】emergence（名）「出現」、emerging（形）「新興の」、emergent（形）「姿を現す」

【類語】come up「現れる」、appear「現れる」

【例文】Alpha Corporation has emerged as the new market leader.
訳：アルファコーポレーションは新たな業界リーダーとして台頭しました。

【参考】(1) negotiate　(3) depart

第 55 問

< element >

この単語の、もっとも適切な日本語を選びなさい。

(1) 項目

(2) 要素

(3) 原料

第 56 問

< welfare >

この単語の、もっとも適切な日本語を選びなさい。

(1) 利益

(2) 指名

(3) 福利

第55問の答え　　(2) 要素

< element >
[éləmənt] 【名詞】要素、成分、分子、元素

【解説】パート (7) の「読解問題」で使われることがありますが、頻出単語ではありません。化学では「分子、元素」という意味で使われることが多いですが、TOEIC で使われるのは「要素」という意味でのみです。
【派生語】elementary（形）「基本的な、初歩の」
【類語】component「構成要素」、constituent「構成要素」、factor「要素」
【例文】Although it's a fictional story, it has an element of believability to it.
訳：作り話とはいえ、そこにはいくらかの信憑性があります。
【参考】(1) item　(3) material

第56問の答え　　(3) 福利

< welfare >
[wélfèər] 【名詞】福利、幸福、福祉、繁栄

【解説】パート (7) の「読解問題」で使われることがある単語で、他にも「幸福、福祉、繁栄」などさまざまな意味があります。「社会福祉」のことを social welfare と言います。
【類語】well-being「福利、福祉」、good「幸福」
【例文】The welfare of the people should be the utmost in the minds of our leaders.
訳：国民の福利が、われわれの指導者の意識の中で最大の関心事であるべきです。
【参考】(1) benefit　(2) designation

第 57 問

< mayor >

この単語の、もっとも適切な日本語を選びなさい。

(1) 知事

(2) 市長

(3) 議長

第 58 問

< governor >

この単語の、もっとも適切な日本語を選びなさい。

(1) 知事

(2) 市長

(3) 大臣

第57問の答え　　（2）市長

< mayor >
[méiər]【名詞】市長、町(村)長

【解説】パート(7)の「読解問題」で、工場などの竣工関連の記事やイベントなどの紹介文で使われることがあります。TOEICには政治関連の内容はあまり出ないため、使用頻度は高くありません。
【派生語】mayoral（形）「市長の」
【類語】local government「地方政府」、assembly「議会」
【例文】The mayor proposed a tax on businesses which had bulk garbage.
訳：市長は大量のゴミを出す企業への課税を提案しました。
【参考】(1) governor　(3) chairman

第58問の答え　　（1）知事

< governor >
[gʌ́vənər]【名詞】知事、州知事

【解説】パート(4)の「説明文問題」やパート(7)の「読解問題」で使われることがありますが、出題頻度は高くありません。誰もが知っている government という単語から意味が推測できるのではないでしょうか。
【派生語】govern（動）「統治する」、government（名）「政府」、governance（名）「統治」
【類語】assembly「議会」、assembly member「議員」
【例文】The governor of the state of California made a speech.
訳：カリフォルニア州知事が演説をしました。
【参考】(2) mayor　(3) minister

第 59 問

< transitional >

この単語の、もっとも適切な日本語を選びなさい。

(1) 過渡期の

(2) 合理的な

(3) 適切な

第 60 問

< loyal >

この単語の、もっとも適切な日本語を選びなさい。

(1) 裕福な

(2) 尊敬すべき

(3) 忠誠な

第59問の答え　(1) 過渡期の

< transitional >

[trænzíʃənl]【形容詞】過渡期の、過渡的な、移り変わる

【解説】「産業が過渡期だ」「経済が過渡期だ」などのようにビジネス関連の英文でよく使われる単語です。経済以外に政治関連の英文でも時々使われます。TOEICではパート(4)の「説明文問題」や、パート(7)の「読解問題」で使われます。
【派生語】transition（名）「過渡期、変遷」
【類語】temporary「一時的な」、provisional「臨時の」
【例文】The government will be in a transitional phase until the elected leaders take power.
訳：選挙で選ばれた指導者たちが政権に就くまで、政府は過渡期の状態にあります。
【参考】(2) rational　(3) appropriate

第60問の答え　(3) 忠誠な

< loyal >

[lɔ́iəl]【形容詞】忠誠な

【解説】loyal customer「いつもひいきにしてくれる客」、loyal to the product「その製品にこだわった」などのように、ビジネスでよく使われます。そのためか、リスニングセクション、リーディングセクションの両方で時々使われます。
【派生語】loyalty（名）「忠誠」、loyally（副）「忠誠心を持って」
【類語】dedicated「献身的な」、devoted「献身的な」
【例文】They offer special discounts to keep their long-time customers loyal.
訳：古くからの顧客に引き続きひいきにしてもらえるよう、彼らは特別な値引きをしています。
【参考】(1) wealthy　(2) respectable

第 61 問

< separately >

この単語の、もっとも適切な日本語を選びなさい。

(1) 独占的に

(2) それぞれに

(3) 別々に

第 62 問

< durable >

この単語の、もっとも適切な日本語を選びなさい。

(1) 耐久性のある

(2) 厳しい

(3) 見込みのある

第61問の答え　(3) 別々に

< separately >

[sépərətli]【副詞】別々に

【解説】リスニング、リーディングの両セクションで、商品の発注に関する話が出ることが多く、「注文品の一部は在庫がないので別送で送る」という内容の話や手紙が出ることもあり、そのような内容の英文では send separately のような表現がよく使われます。

【派生語】separate（形）「別々の」、separable（形）「分離可能な」、separation（名）「別離」

【類語】apart「別々に」、individually「個々に」

【例文】The accessories for this mobile phone are sold separately.
訳：この携帯電話の付属品は別売りされています。

【参考】(1) exclusively　(2) respectively

第62問の答え　(1) 耐久性のある

< durable >

[d(j)úərəbl]【形容詞】耐久性のある、長持ちする、永続性のある

【解説】durable goods「耐久消費財」や durable product「耐久品」のような表現が、ビジネス関連の英文で時々使われます。頻度は高くありませんが、TOEIC でもリーディングセクションを中心に使われることがあります。

【派生語】endure（動）「耐える」、durability（名）「耐久性」、durably（副）「永続的に」

【類語】tough「丈夫な」、resistant「耐久性のある」

【例文】They make their products durable, so they can withstand extreme conditions.
訳：彼らは極限状態に耐えられるように製品に耐久性を持たせています。

【参考】(2) stringent　(3) promising

第 63 問

< relative to >

この熟語の、もっとも適切な日本語を選びなさい。

(1) 〜に付いた

(2) 〜と比較して

(3) 〜に隣接した

第 64 問

< grant >

この単語の、もっとも適切な日本語を選びなさい。

(1) 補償金

(2) 助成金

(3) 報奨金

第63問の答え　（2）〜と比較して

< relative to >

【熟語/慣用表現】〜と比較して、〜に関連して、〜に比例して

【解説】「〜と比較して」以外に、「〜に関連して」「〜に比例して」という意味もあり、TOEICでも時々使われますが、パート(7)の「読解問題」の近い意味の単語を選ぶ問題で、relative to「〜に比例して」という意味が問われたことがあります。「〜と比較して」、「〜に関連して」、「〜に比例して」、それぞれの意味を覚えましょう。
【類語】compared with「〜と比較して」、in comparison to「〜と比較して」
【例文】Next month's production will be relative to this month's sales.
訳：来月の生産量は、今月の売上に応じて決められます。
【参考】(1) attached to　(3) adjacent to

第64問の答え　（2）助成金

< grant >

[grǽnt]【名詞】助成金、補助金

【解説】パート(3)の「会話問題」やパート(7)の「読解問題」で使われます。grantは「与える」という意味の動詞として出ることもあります。名詞、動詞両方の意味を覚えましょう。
【派生語】grant（動）「譲渡する」
【類語】aid「補助金」、subsidy「補助金」
【例文】The company received the government grant to pay for handicapped workers.
訳：その会社は障害を持つ従業員に給与を支払うための政府助成金を受け取りました。
【参考】(1) compensation　(3) incentive

第 65 問

< grounds >

この単語の、もっとも適切な日本語を選びなさい。

(1) ふるまい

(2) 結果

(3) 根拠

第 66 問

< indispensable >

この単語の、もっとも適切な日本語を選びなさい。

(1) 不可欠な

(2) 匹敵する

(3) 貴重な

第65問の答え　(3) 根拠

< grounds >

[gráun*dz*]　【名詞】根拠、理由、原因、基盤

【解説】ビジネスでさまざまな交渉をする際に便利に使える単語です。TOEIC でもパート(4)の「説明文問題」やパート(7)の「読解問題」などで使われます。

【派生語】ground（動）「～に根拠を置く」

【類語】account「根拠」、basis「論拠」、foundation「根拠」

【例文】Unfriendliness is not adequate grounds for being dismissed from one's job.

訳：無愛想なことは仕事をクビになる十分な理由ではありません。

【参考】(1) behavior　(2) conclusion

第66問の答え　(1) 不可欠な

< indispensable >

[ìndispénsəbl]　【形容詞】不可欠な、欠くことのできない、絶対必要な

【解説】意味は necessary に似ていますが、indispensable のほうがその意味が強いです。高等教育を受けた人たちの会話では使われますが、一般的にはレポートなどの文書で使われるほうが多いです。TOEIC ではリーディングセクションで使われることがあります。

【派生語】dispense (with)（動）「～なしですませる」、dispensable（形）「なくてもすむ、不必要な」

【類語】crucial「欠くことのできない」、essential「絶対に必要な」、vital「不可欠な」

【例文】Your valuable input is indispensable to the success of this project.

訳：この計画の成功には、あなたの貴重なご意見が不可欠です。

【参考】(2) comparable　(3) valuable

第 67 問

< abundant >

この単語の、もっとも適切な日本語を選びなさい。

(1) 豊富な

(2) 不十分な

(3) 迅速な

第 68 問

< tactics >

この単語の、もっとも適切な日本語を選びなさい。

(1) 解決

(2) 負担

(3) 戦術

第67問の答え　　　(1) 豊富な

< abundant >

[əbʌ́ndənt]【形容詞】豊富な、あり余る、豊かな

【解説】「豊富な」という意味を表す単語は他にもいろいろありますが、ビジネス関連の文書など改まった英文では abundant のように多少フォーマルな単語を使うことが多いです。TOEIC ではパート(7)の「読解問題」で使われることがあります。
【派生語】abundance（名）「豊富、大量」、abundantly（副）「豊富に」
【類語】plentiful「たっぷりの」、generous「豊富な」、ample「豊富な」
【例文】There are abundant reserves of oil in this region.
訳：この地域は石油の埋蔵量が豊富です。
【参考】(2) insufficient　(3) prompt

第68問の答え　　　(3) 戦術

< tactics >

[tǽktiks]【名詞】戦術、作戦、策略

【解説】strategy「戦略」との違いがわからない人が多いようです。strategy のほうがより規模が大きいです。例えば、sales planning や advertising planning などにおける戦術には strategy を使い、個別の小売店に対する戦術には tactics を使います。
【派生語】tactical（形）「戦術上の」、tactically（副）「戦術的に」
【類語】strategy「戦略」、maneuver「策略」
【例文】He must employ a variety of tactics to gain a negotiating advantage.
訳：彼は交渉で優位に立つために、さまざまな戦術を用いなければなりません。
【参考】(1) resolution　(2) burden

第69問

< quota >

この単語の、もっとも適切な日本語を選びなさい。

(1) 割当て(量)

(2) 合計

(3) 比率

第70問

< quote >

この単語の、もっとも適切な日本語を選びなさい。

(1) 引用する

(2) 辞める

(3) 指名する

第69問の答え　(1) 割当て(量)

< quota >

[kwóutə]【名詞】割当て(量)、持ち分、取り分

【解説】ビジネス関連の英文ではよく使われる単語です。「ノルマ」という意味で使われることも多いです。TOEICではパート(7)で使われることがありますが、頻度は高くありません。
【類語】allotment「割当て」、allowance「割当量」、portion「分け前」
【例文】The sales team must work hard to achieve their monthly quota.
訳：営業チームは月ごとの販売割当てを達成するため、懸命に働かなければなりません。
【参考】(2) sum　(3) rate

第70問の答え　(1) 引用する

< quote >

[kwóut]【動詞】引用する、引き合いに出す、相場をつける

【解説】TOEICでは「引用する」という意味で使われる場合が大半ですが、他に「～に(価格、条件など)を提示する」という意味でも使われます。パート(7)の「読解問題」の本文で使われることがある単語ですが、まれにパート(7)の設問文で使われることもあります。
【派生語】quotation（名）「引用」
【類語】cite「引用する」、refer「引用する、言及する」
【例文】The statistics were quoted from the annual corporate report.
訳：その統計は企業のアニュアルレポートから引用されました。
【参考】(2) resign　(3) nominate

第 71 問

< classified ad >

この単語の、もっとも適切な日本語を選びなさい。

(1) 急な知らせ

(2) 仕事上のコネ

(3) 求人広告

第 72 問

< endanger >

この単語の、もっとも適切な日本語を選びなさい。

(1) 危険にさらす

(2) 高める

(3) 遭遇する

第71問の答え　(3) 求人広告

< classified ad >

[klǽsəfàid æd]【名詞】求人広告、部門別案内広告

【解説】パート(7)の「読解問題」で求人広告が時々出題されますが、その中で使われる単語です。新聞の求人広告欄にはこの単語が使われていることが多いので、海外経験のある人や英字新聞を読んでいる人にとっては簡単な単語です。
【類語】want ad「求人広告」、newspaper advertisement「新聞広告」
【例文】He found his job in the newspaper classified ads.
訳：彼は新聞の求人広告で仕事を見つけました。
【参考】(1) short notice　(2) business contacts

第72問の答え　(1) 危険にさらす

< endanger >

[endéindʒər]【動詞】危険にさらす、危うくする

【解説】en- には「特定の状態にする」という意味があります。danger は「危険」という意味の名詞なので、endanger で「危険にさらす」という意味になります。ビジネス関連の英文で使われることも少なくなく、TOEIC でもパート(7)の「読解問題」などで使われます。
【派生語】endangered（形）「絶滅の危機に瀕した」
【類語】jeopardize「危険にさらす」、risk「危険にさらす」、intimidate「おびえさせる」、threaten「脅威を与える」
【例文】The serious problem of air pollution will endanger the health of the citizens in the long run.
訳：大気汚染という深刻な問題が、長期的に見て市民の健康を危険にさらすでしょう。
【参考】(2) enhance　(3) encounter

第 73 問

< stipulate >

この単語の、もっとも適切な日本語を選びなさい。

(1) 明記する

(2) 計算する

(3) 明らかにする

第 74 問

< aside from >

この熟語の、もっとも適切な日本語を選びなさい。

(1) 〜に起因する

(2) 〜は別として

(3) 〜の前に

第73問の答え (1) 明記する

< stipulate >

[stípjəlèit] 【動詞】明記する、規定する、保証する

【解説】ビジネスでは「(契約書などに条件を)明記する」という意味で使われる場合が多いですが、「規定する」という意味もあります。TOEICではパート(7)の「読解問題」で使われることがあります。

【派生語】stipulation (名)「規定」

【類語】provide「規定する」、prescribe「規定する」、specify「明記する」

【例文】The contract stipulates that the client is responsible for insuring the freight.
訳:その契約書には、貨物に保険をかける責任は顧客側にあると明記されています。

【参考】(2) calculate (3) clarify

第74問の答え (2) ～は別として

< aside from >

【熟語/慣用表現】～は別として、～の他に、～を除いて

【解説】ビジネス関連の英文で重宝に使える表現です。リーディングセクションを中心に使われる表現ですが、パート(5)で「熟語問題」の誤答として使われることもあります。

【類語】apart from「～は別として」、except for「～を除いては」、besides「～に加えて」

【例文】Aside from minor traffic violations, he has never committed a crime.
訳:軽微な交通違反は別として、彼には犯罪歴はまったくありません。

【参考】(1) result from (3) prior to

第 75 問

< decade >

この単語の、もっとも適切な日本語を選びなさい。

(1) 10年間

(2) 四半期

(3) 会計年度

第 76 問

< imbalance >

この単語の、もっとも適切な日本語を選びなさい。

(1) 不況

(2) 不均衡

(3) 倒産

第 75 問の答え　　(1) 10年間

< decade >
[dékeid] 【名詞】10年間

【解説】会話でもビジネス関連の英文でも使われます。We are celebrating our fifth decade. のように、アメリカの会社は「設立〜年」ということを広告に使う場合が多いです。TOEIC では主にリーディングセクションで使われます。
【例文】The 1980's was a decade of financial prosperity in the U.S.
訳：1980年代はアメリカ経済が繁栄した10年間でした。
【参考】(2) quarter　(3) fiscal year

第 76 問の答え　　(2) 不均衡

< imbalance >
[imbǽləns] 【名詞】不均衡、不釣合い

【解説】trade imbalance「貿易不均衡」、economic imbalance「経済不均衡」などのように、経済関連の英文や新聞記事などでもよく使われます。TOEIC ではパート(7)の「読解問題」で使われることがあります。
【派生語】imbalanced（形）「釣り合いのとれていない」、balance（名）「均衡」
【類語】disparity「不均衡」
【例文】A significant trade imbalance exists between China and the United States.
訳：中国とアメリカの間には、かなりの貿易不均衡があります。
【参考】(1) recession　(3) bankruptcy

第 77 問

< entail >

この単語の、もっとも適切な日本語を選びなさい。

(1) 必要とする

(2) 超える

(3) 同封する

第 78 問

< vendor >

この単語の、もっとも適切な日本語を選びなさい。

(1) 商人

(2) 納入業者

(3) 小売業者

第77問の答え (1) 必要とする

< entail >

[entéil]【動詞】必要とする、伴う

【解説】「必要とする」以外にも「伴う」という意味があります。パート(7)の「読解問題」で近い意味の単語を選ぶ問題として、この「必要とする」という意味が問われたことがあります。ビジネス関連の英文で使われますが、ビジネス関連の英文を読みなれていない人にとっては少し難しい単語です。

【類語】necessitate「必要とする」、require「必要とする」、call for「〜を求める、必要とする」

【例文】Visiting India entails a visa for American tourists.
訳:アメリカ人旅行者がインドに入国するにはビザが必要です。

【参考】(2) exceed (3) enclose

第78問の答え (2) 納入業者

< vendor >

[véndər]【名詞】納入業者、物売り、行商人

【解説】ビジネス関連の英文でもよく使われ、TOEICではパート(4)の「説明文問題」やパート(7)の「読解問題」などで使われます。すでに「ベンダー」とカタカナ表記の日本語にもなっていますが、意外に正確な意味を知らない人が多いです。

【派生語】vend(動)「販売する、行商する」

【類語】supplier「納入業者」、merchandiser「小売業者」、wholesaler「卸売業者」

【例文】He started as a vendor of stationery and later expanded his sales to include printing machines.
訳:彼は文房具の納入業者としてスタートし、後に印刷機の販売も行なうまでに事業を拡大させました。

【参考】(1) merchant (3) retailer

第 79 問

< distinctive >

この単語の、もっとも適切な日本語を選びなさい。

(1) それぞれの

(2) 主要な

(3) 特徴的な

第 80 問

< petroleum >

この単語の、もっとも適切な日本語を選びなさい。

(1) 繊維

(2) 機器

(3) 石油

第79問の答え　(3) 特徴的な

< distinctive >

[distíŋktiv]【形容詞】特徴的な、明確に区別できる

【解説】多少フォーマルな英文で使われることが多い単語です。仕事などで英文を読んでいるとよく目にしますが、英文を読み慣れていない人の中には知らない人が多いかもしれません。頻度は高くありませんが、パート(7)の「読解問題」で使われることがあります。

【派生語】distinctively（副）「特徴的に」、distinct（形）「(他と)異なる」、distinction（名）「特徴」

【類語】characteristic「特徴的な」、distinguished「顕著な」、peculiar「一風変わった」

【例文】The famous voice-over talent has a very distinctive voice.
訳：その有名な声優は、とても特徴のある声をしています。

【参考】(1) respective　(2) leading

第80問の答え　(3) 石油

< petroleum >

[pətróuliəm]【名詞】石油

【解説】同じ「石油」という意味を表す oil に比べると、petroleum のほうがフォーマルな単語なので、経済記事などで頻繁に使われます。辞書には petroleum の訳語は「石油」とありますが、どちらかと言えば、crude oil「原油」に近いニュアンスです。

【類語】oil「石油」、gasoline「ガソリン」、kerosene「灯油」、fuel「燃料」

【例文】Researchers are seeking alternatives to petroleum for use in automobiles.
訳：研究者たちは石油に代わる自動車用燃料を探しています。

【参考】(1) textile　(2) equipment

第 81 問

< ambassador >

この単語の、もっとも適切な日本語を選びなさい。

(1) 監査人

(2) 大使

(3) 市長

第 82 問

< deduct >

この単語の、もっとも適切な日本語を選びなさい。

(1) 分割する

(2) 規模を縮小する

(3) 控除する

第81問の答え　（2）大使

< ambassador >

[æmbǽsədər]【名詞】大使、使節

【解説】パート(4)の「説明文問題」やパート(7)の「読解問題」で使われることがありますが、頻出単語ではありません。関連語の embassy「大使館」も一緒に覚えましょう。
【派生語】embassy「大使館」
【類語】consul「領事」
【例文】He was appointed to be the ambassador to Russia because of his knowledge of Russian economics.
訳：ロシア経済の知識を買われて、彼は駐ロシア大使に任命されました。
【参考】（1）auditor　（3）mayor

第82問の答え　（3）控除する

< deduct >

[didʌ́kt]【動詞】控除する、差し引く

【解説】会計関連の英文で頻繁に使われる単語です。覚えておけば仕事で便利に使えます。使用頻度は高くありませんが、パート(4)の「説明文問題」やパート(7)の「読解問題」で使われることがあります。
【派生語】deduction（名）「控除」、deductible（形）「控除できる」
【類語】subtract「引く」、take away「引く、控除する」
【例文】His company deducts 20% of his salary for taxes.
訳：彼が勤めている会社は彼の給料の20%を税金として天引きしています。
【参考】（1）divide　（2）downsize

第 83 問

< waive >

この単語の、もっとも適切な日本語を選びなさい。

(1) 軽減する

(2) 主張する

(3) (権利を)放棄する

第 84 問

< sluggish >

この単語の、もっとも適切な日本語を選びなさい。

(1) 停滞した

(2) 急上昇する

(3) 変わりやすい

【5章 パート7によく出る単語・熟語】

第83問の答え (3) (権利を)放棄する

< waive >

[wéiv]【動詞】(権利を)放棄する、撤回する、差し控える

【解説】ビジネスでは、契約書のようなフォーマルな英文で時々使われます。TOEICではパート(7)の「読解問題」で使われることがあります。多少難しい単語ですが、仕事で英語を使う必要がある人は覚えておいたほうがいいでしょう。

【派生語】waiver（名）「権利放棄」

【類語】relinquish「放棄する」、renounce「放棄する」、surrender「譲り渡す」、yield「(権利を) 譲る」

【例文】The divorced father waived his rights to visit his children.
訳：離婚したその父親は子どもたちを訪ねる権利を放棄しました。

【参考】(1) alleviate (2) insist

第84問の答え (1) 停滞した

< sluggish >

[slʌ́giʃ]【形容詞】停滞した、不振な、怠惰な、緩慢な

【解説】景気を表す場合に頻繁に使われる単語なので、新聞記事や企業のレポートなどでもよく使われます。TOEICではパート(4)の「説明文問題」やパート(7)の「読解問題」などで時々使われます。

【派生語】sluggishly（副）「のろのろと」、sluggishness（名）「不活発さ、不況」

【類語】inactive「不活発な」、stagnant「停滞した」

【例文】Due to the sluggish economy, consumer spending is down.
訳：景気が低迷しているため、個人消費支出は落ち込んでいます。

【参考】(2) soaring (3) volatile

第 85 問

< turnover >

この単語の、もっとも適切な日本語を選びなさい。

(1) 離職率

(2) 昇進

(3) 委員会

第 86 問

< dispatch >

この単語の、もっとも適切な日本語を選びなさい。

(1) 急送する

(2) 超える

(3) 移転する

第85問の答え　(1) 離職率

< turnover >

[tə́:rnòuvər]【名詞】離職率、回転率、取引高、出来高

【解説】「離職率」以外にも、「回転率」「売上高」などの意味があり、ビジネス関連のレポートでよく見かける単語です。TOEICでは忘れたころに出るだけですが、ビジネスでは重要な単語です。
【類語】resignation「離職、辞表」
【例文】The rate of employee turnover at our company is very high.
訳：わが社の従業員退職率は非常に高いです。
【参考】(2) promotion　(3) committee

第86問の答え　(1) 急送する

< dispatch >

[dispǽtʃ]【動詞】急送する、急派する

【解説】TOEIC必須単語である deliver「配達する」と似ていますが、dispatch は急ぎの書類や荷物などを「急送する」という意味を表します。軍事的な場面では「(人を) 急派する」という意味で使われます。deliver に比べると TOEIC での使用頻度は低いですが、パート(3)やパート(7)で使われることがあります。
【派生語】dispatcher（名）「発送者」
【類語】ship「出荷する」、transport「輸送する」
【例文】Emergency materials were dispatched to the area struck by the earthquake.
訳：その地震で被災した地域に緊急物資が急送されました。
【参考】(2) surpass　(3) relocate

第 87 問

< pending >

この単語の、もっとも適切な日本語を選びなさい。

(1) 明白な

(2) 雑多な

(3) 未決定の

第 88 問

< resume >

この単語の、もっとも適切な日本語を選びなさい。

(1) 再開する

(2) 回復する

(3) 想定する

第87問の答え　(3) 未決定の

< pending >

[péndiŋ]【形容詞】未決定の、未解決の、懸案の

【解説】「それについてはペンディングだ」のように一部の人はすでに日本語として使っています。未決定、保留の状態はビジネスには付きものです。頻出単語ではありませんが、パート(4)の「説明文問題」やパート(7)の「読解問題」で使われることがあります。

【類語】undecided「未決定の」、unresolved「未解決の」

【例文】Until the property is acquired, construction of the new factory is pending.
訳：用地を取得するまで、新工場の建設は保留です。

【参考】(1) apparent　(2) miscellaneous

第88問の答え　(1) 再開する

< resume >

[riz(j)úːm]【動詞】再開する、再び始める

【解説】少しフォーマルな単語ですが、ビジネスではよく使われます。日常会話で使うと堅苦しくなるので、resume より begin を使いますが、ビジネスでのミーティングなどでは resume を使うことが多いです。resume の s [z] の部分の発音を間違える人が多いので気をつけましょう。

【派生語】resumption（名）「再開」

【類語】restart「再開する」、reopen「再開する」

【例文】The concert will resume after a 20-minute intermission.
訳：コンサートは20分の休憩後、再開されます。

【参考】(2) restore　(3) assume

第 89 問

< prolong >

この単語の、もっとも適切な日本語を選びなさい。

(1) 変動する

(2) 延長する

(3) 広がる

第 90 問

< feasibility >

この単語の、もっとも適切な日本語を選びなさい。

(1) 能力

(2) 実行可能性

(3) 入手可能性

第89問の答え　(2) 延長する

< prolong >

[prəlɔ́(:)ŋ]　【動詞】延長する、長引かせる

【解説】pro- は「先の、前へ」という意味の接頭辞で、それが long に付いていると考えれば意味は推測できます。TOEIC では「延長する」と言う場合には、prolong より extend のほうがよく使われます。prolong は忘れたころに使われる単語です。

【派生語】prolonged（形）「長引く」、prolongation（名）「延長」

【類語】lengthen「延長する」、extend「延長する」

【例文】The doctor said that daily exercise and a healthy diet help to prolong life.
訳：毎日の運動と体にいい食事が寿命を延ばすと、その医者は言いました。

【参考】(1) fluctuate　(3) spread

第90問の答え　(2) 実行可能性

< feasibility >

[fi:zəbíləti]　【名詞】実行可能性、実行できること

【解説】外資系企業では、feasibility study「実現可能性や実行可能性の検討、調査」という表現が半ば日本語のように、それも頻繁に使っています。形容詞の feasible はパート(5)の「語彙問題」で出題されたことがあります。少し難しい単語ですがビジネスでは重要な単語です。

【派生語】feasible（形）「実行可能な」

【類語】practicability「実行可能性」、workability「実行可能性」、viability「実行可能性」

【例文】We're looking into the feasibility of opening a factory in China.
訳：われわれは中国に工場を開設する可能性を調査しています。

【参考】(1) capability　(3) availability

第 91 問

< proceedings >

この単語の、もっとも適切な日本語を選びなさい。

(1) 議長

(2) 議事録

(3) 議題

第91問の答え　　(2) 議事録

< proceedings >

[prəsíːdiŋz]【名詞】議事録、会報

【解説】proceeding には「進行、続行」という意味もあり、よく使われます。「議事録」の場合は複数形にします。「議事録」には minutes もあります。もともと proceedings は議会の「議事録」というニュアンスが強く、一方、minutes は企業などの「議事録」を表す際に使われます。今は、企業でも proceedings を使っているところがあります。
【派生語】proceed（動）「進行する、手続きする」
【類語】minutes「議事録」
【例文】The proceedings of the conference are available through the website.
訳：会議の議事録はウェブサイトで閲覧できます。
【参考】(1) chairman　(3) agenda

受験生コラム

教室生Mさんのつぶやき

　最近ツイッターが話題になっていますが、昨年10月末開始のクラスの参加の教室生のMさんは、授業が終わり自宅に帰る途中の電車の中で、授業の感想を毎回つぶやいてくれていました。彼は教室終了後の1月のテストで230点アップの645点を達成、目標点まであと少しです。彼の8回分のつぶやきをご紹介します。

1回目
ついていけない…練習あるのみか。
2回目
今日もハードだったが、何とか追いつけるよう週末復習しよう！　それにしても、10年以上使っていなかった分野の脳を急に叩き起こされた感じで熱が出そう。
3回目
睡眠2時間半で、ヤバイと思ってたが、睡魔が襲う隙も無い濃密な時間。2日ぶりの帰宅の電車の中で、どっと眠気が襲って来る。
4回目
今日はいつにも増してハード。ひたすら、パート5の問題と解説。でも、明らかに解説の意味は分かるようになっている。あとは、スピードだな。今日もお疲れ様でした！

受験生コラム

5回目
パート7ヤバイ。ただ、自分の補強ポイントが分かった気がする。文の構造は分かるようになってきたけど、単語の意味が分からなすぎる。リスニングは通勤時間が長いおかげで、なんとかなりそうだけど自宅学習時間の確保だな。

6回目
今日はパート2の復習。第3回目に教わったパート2の練習方法をこの3週間続けた成果だろうか。公式問題集のVOL4でも正解率が上がっている。これは、言われた通りやれば点数が上がるって意味が分かる気がするな。通勤時間長くて良かった。

7回目
パート5を15分で解くのは相当しんどい。だいたい12分で26問、残り3分で14問を解いている感じ。15分で解くには残り3分の瞬発力を最初から発揮しないといけない。でも、後半の正解率もそこまで悪くないので、前半の時間に無駄があるのだろうと自己分析。

8回目
最後の授業終了。3か月前に教室募集締め切り後に駄目もとで申し込んでよかった。最後までモチベーション保って通えた。勉強の仕方が分かったので、後はやるかやらないか自分次第。これから一人で勉強しないといけないが、何をしたらいいか知ってるのと知らないのとでは違う。

あとがき

オフィス S&Y の今

　八重洲で開催の教室は、募集後数時間で満席になることが多く希望者が参加できないという状態が続いたので、昨年夏に教室の拡張工事を行い倍の30坪になりました。土曜日50名、平日35名の募集で年間5回開催しています。東京駅から徒歩5分ということもあり、土曜クラスには遠隔地から参加の方が毎回4〜5名います。

　単発のセミナーは年4〜5回、主に渋谷で開催しています。東京以外では、大阪でリスニングセミナー、リーディングセミナーそれぞれ年に1度ずつ開催しています。大阪セミナーには広島や九州など西日本各地から多くの方が参加して下さいます。

　今年は他に一部企業研修も受けています。八重洲で開催している教室が主体なので、単発のセミナーも企業での研修も多くは受けられませんが、面白そうなお話は受けさせていただいています。

　本書と同じ祥伝社より、年に1冊ずつ出版し続けている、シリーズ売り上げ累計で60万部を越えた『1日1分

レッスン！新 TOEIC TEST 千本ノック！』は、本書を3月出版とした関係で、今年は7月の出版になります。来年からは通常通り3月に戻すことになっています。

「千本ノックシリーズ」は1冊目から順次電子書籍化を進めていて、1冊目を昨年12月にアップルストアで販売開始、2冊目以降も電子書籍化する予定です。また、今年夏にはキヤノンの電子辞書に「千本ノックシリーズ」3冊と、本書と同じシリーズで過去に出版した「単語本」2冊が掲載される予定です。

　グローバルにビジネスを展開せざるをえなくなった昨今、TOEICの点数を昇進や異動の基準に採用する企業が増えるばかりではなく、求められる点数もますます高くなっています。そのようなビジネスマンやビジネスウーマンの期待にこたえるべく、教室の内容をより濃いものとし、皆さまのお役に立てるよう精進したいと願っております。本年も「すみれ塾」をよろしくお願い致します。

索引 INDEX

本書で紹介している TOEIC 頻出単語、熟語を、アルファベット順に並べました。各単語や熟語の後ろの数字は掲載されているページ数です。
チェック欄□も利用して、学習のまとめ・単語の総整理などにお使いください。

A

- [ ] **a series of** 255
- [ ] **absolutely** 103
- [ ] **abundant** 339
- [ ] **accessible** 163
- [ ] **accomplished** 261
- [ ] **accurately** 191
- [ ] **acknowledgement** 245
- [ ] **additional** 289
- [ ] **address** 189
- [ ] **adopt** 225
- [ ] **advertisement** 273
- [ ] **afterwards** 257
- [ ] **agreement** 287
- [ ] **aisle** 75
- [ ] **alarm** 169
- [ ] **alter** 311
- [ ] **altogether** 261
- [ ] **ambassador** 353
- [ ] **anniversary** 145
- [ ] **apology** 187
- [ ] **application form** 89
- [ ] **appreciation** 185
- [ ] **appropriate** 73
- [ ] **architect** 99
- [ ] **arise** 171
- [ ] **article** 321
- [ ] **as long as** 171

- ascend 17
- aside from 345
- attempt 305
- author 157
- authorize 277
- available 185
- avoid 141
- aware 117

B

- be associated with 265
- be capable of 203
- broom 37
- browse 23
- by chance 115
- by hand 61

C

- career 131
- cast 13
- ceiling 35
- celebrate 143
- certification 67
- chairman 91
- classified ad 343
- climate 143
- coincide with 263
- commitment 195
- complete 215
- compose 231
- concern 81
- conclude 281
- conference 89
- confident 175
- congested 249
- conscious 175
- constitute 301
- contain 135
- conveniently 207
- cordially 301
- correspondence 323
- cost 105
- courtesy 303
- coworker 65

- [ ] **critical** 211
- [ ] **crowd** 31
- [ ] **curb** 53
- [ ] **customize** 161

D

- [ ] **decade** 347
- [ ] **decrease** 111
- [ ] **deduct** 353
- [ ] **defective** 199
- [ ] **definitely** 103
- [ ] **delay** 137
- [ ] **deliberation** 243
- [ ] **delivery** 59
- [ ] **dentist** 121
- [ ] **department** 101
- [ ] **departure** 137
- [ ] **describe** 273
- [ ] **desirable** 319
- [ ] **determine** 97
- [ ] **devote** 209
- [ ] **dish** 27

- [ ] **dispatch** 357
- [ ] **distinctive** 351
- [ ] **division** 113
- [ ] **domestic** 279
- [ ] **dominant** 183
- [ ] **downtown** 83
- [ ] **draw up** 289
- [ ] **durable** 333

E

- [ ] **edition** 319
- [ ] **effective** 201
- [ ] **element** 327
- [ ] **emerge** 325
- [ ] **emergency** 167
- [ ] **employment** 107
- [ ] **endanger** 343
- [ ] **enlarge** 227
- [ ] **entail** 349
- [ ] **environment** 297
- [ ] **established** 303
- [ ] **evacuate** 167

- [ ] **excess** 311
- [ ] **exchange** 87
- [ ] **exclusively** 191
- [ ] **expenditure** 295
- [ ] **experiment** 87
- [ ] **expire** 193
- [ ] **extension** 131

F

- [ ] **face** 15
- [ ] **fairly** 251
- [ ] **fascinate** 115
- [ ] **fasten** 219
- [ ] **feasibility** 361
- [ ] **feasible** 221
- [ ] **feature** 321
- [ ] **feedback** 97
- [ ] **fill out** 79
- [ ] **float** 43
- [ ] **flood** 49
- [ ] **fold** 35
- [ ] **following** 165
- [ ] **formerly** 251
- [ ] **found** 299
- [ ] **fuel** 255
- [ ] **fund-raising** 93
- [ ] **furthermore** 315

G

- [ ] **generous** 135
- [ ] **go over** 81
- [ ] **governor** 329
- [ ] **graduate** 287
- [ ] **grant** 335
- [ ] **greet** 11
- [ ] **grocery** 49
- [ ] **grounds** 337
- [ ] **guarantee** 193

H

- [ ] **hallway** 61
- [ ] **handle** 71
- [ ] **high-rise** 21
- [ ] **hire** 173

- [ ] **household** 305

I
- [ ] **imbalance** 347
- [ ] **impending** 211
- [ ] **in a line** 29
- [ ] **in addition to** 199
- [ ] **in place of** 235
- [ ] **in response to** 299
- [ ] **in terms of** 235
- [ ] **in the case of** 233
- [ ] **inconvenience** 127
- [ ] **indispensable** 337
- [ ] **influence** 315
- [ ] **initial** 313
- [ ] **initiate** 149
- [ ] **innovation** 159
- [ ] **instruct** 75
- [ ] **intensive** 109
- [ ] **interest rate** 155
- [ ] **invention** 161

K
- [ ] **kneel down** 41

L
- [ ] **lawn** 37
- [ ] **lawsuit** 177
- [ ] **lay off** 293
- [ ] **leading** 183
- [ ] **lease** 69
- [ ] **legal** 317
- [ ] **liaison** 207
- [ ] **lift** 47
- [ ] **loyal** 331

M
- [ ] **maintain** 285
- [ ] **make progress** 283
- [ ] **make revisions** 59
- [ ] **manageable** 263
- [ ] **match** 237
- [ ] **mayor** 329
- [ ] **memorable** 209

- [ ] **memorandum** 285
- [ ] **metropolitan** 165
- [ ] **moderate** 223
- [ ] **museum** 121

N
- [ ] **natural resources** 253
- [ ] **neighborhood** 173
- [ ] **next to** 15
- [ ] **novel** 119
- [ ] **numerous** 247

O
- [ ] **observation** 111
- [ ] **obsolete** 257
- [ ] **occupy** 39
- [ ] **offer** 215
- [ ] **on display** 225
- [ ] **operate** 13
- [ ] **operation** 153
- [ ] **opportunity** 151
- [ ] **overcome** 217

P
- [ ] **parallel to** 19
- [ ] **pardon** 229
- [ ] **park** 63
- [ ] **part** 79
- [ ] **pass out** 23
- [ ] **passenger** 139
- [ ] **paved** 33
- [ ] **pending** 359
- [ ] **periodically** 205
- [ ] **permission** 237
- [ ] **personnel** 279
- [ ] **petroleum** 351
- [ ] **phase** 309
- [ ] **pier** 17
- [ ] **place** 19
- [ ] **place an order** 203
- [ ] **point** 21
- [ ] **position** 25
- [ ] **post** 169
- [ ] **practical** 147
- [ ] **prepare** 217

- [ ] **present** 77
- [ ] **previously** 129
- [ ] **proceedings** 363
- [ ] **profession** 291
- [ ] **profit** 153
- [ ] **prolong** 361
- [ ] **prominent** 223
- [ ] **prop** 47
- [ ] **proper** 147
- [ ] **proposal** 101
- [ ] **prove** 277
- [ ] **publicity** 155
- [ ] **publicize** 291
- [ ] **publisher** 157
- [ ] **pursue** 197

Q

- [ ] **quite** 109
- [ ] **quota** 341
- [ ] **quote** 341

R

- [ ] **rather than** 197
- [ ] **ratio** 293
- [ ] **reach into** 11
- [ ] **recall** 73
- [ ] **receipt** 105
- [ ] **receptionist** 99
- [ ] **recommend** 213
- [ ] **recover** 189
- [ ] **recruit** 213
- [ ] **refreshment** 133
- [ ] **region** 113
- [ ] **regulations** 297
- [ ] **reject** 325
- [ ] **relative** 119
- [ ] **relative to** 335
- [ ] **relevant to** 307
- [ ] **rely on** 323
- [ ] **remain** 117
- [ ] **remaining** 245
- [ ] **rent** 67
- [ ] **repair** 93

- [ ] **representative** 239
- [ ] **resignation** 249
- [ ] **respectfully** 265
- [ ] **respondent** 133
- [ ] **restrain** 253
- [ ] **restructure** 85
- [ ] **result from** 267
- [ ] **resume** 359
- [ ] **retirement** 145
- [ ] **return a call** 71
- [ ] **reward** 241
- [ ] **ride** 63
- [ ] **rinse** 45
- [ ] **routine** 149
- [ ] **run out of** 85

S

- [ ] **scenery** 43
- [ ] **sculpture** 41
- [ ] **security guard** 241
- [ ] **separately** 333
- [ ] **set up** 201
- [ ] **shortcomings** 227
- [ ] **signature** 69
- [ ] **situate** 51
- [ ] **skeptical** 295
- [ ] **skyscraper** 53
- [ ] **slant** 25
- [ ] **sluggish** 355
- [ ] **specify** 281
- [ ] **state** 275
- [ ] **statue** 39
- [ ] **stipulate** 345
- [ ] **stop by** 129
- [ ] **store** 45
- [ ] **story** 29
- [ ] **stream** 31
- [ ] **subordinate** 65
- [ ] **subscriber** 195
- [ ] **substantially** 187
- [ ] **suburb** 83
- [ ] **suitable** 219
- [ ] **summarize** 275
- [ ] **summary** 313

- [ ] **supplementary** 239
- [ ] **suppose** 95
- [ ] **surpass** 309

T

- [ ] **tactics** 339
- [ ] **take place** 151
- [ ] **temporary worker** 107
- [ ] **tendency** 317
- [ ] **tentative** 283
- [ ] **tip** 177
- [ ] **transform** 259
- [ ] **transit** 139
- [ ] **transitional** 331
- [ ] **translate** 233
- [ ] **transport** 141
- [ ] **trash bin** 33
- [ ] **turn off** 77
- [ ] **turnover** 357

U

- [ ] **unbearable** 221
- [ ] **underway** 127
- [ ] **unfortunately** 95
- [ ] **unprecedented** 267
- [ ] **up to** 229
- [ ] **upgrade** 259
- [ ] **up-to-date** 159

V

- [ ] **valued** 205
- [ ] **various** 231
- [ ] **vending machine** 163
- [ ] **vendor** 349
- [ ] **verification** 307

W

- [ ] **waive** 355
- [ ] **walkway** 27
- [ ] **wave** 51
- [ ] **wealth** 247
- [ ] **welfare** 327
- [ ] **whereas** 243
- [ ] **whichever** 91

音声版ダウンロードについて

　ネイティブスピーカーが本書を1冊丸ごと朗読した、音声ファイルをご用意しました。リスニング対策に最適です。パソコンやMP3プレーヤーで繰り返しお聞きになって、「英語の耳」を鍛えてください。
　音声ファイルは、オーディオブック配信サイトからダウンロードすることができます。
　詳細につきましては、祥伝社のホームページでご確認ください。
http://www.shodensha.co.jp/
　なお、配信サイトの都合でファイルのダウンロードサービスが予告なく停止、ないし中止される場合がありますのでご了承ください。

ナレーション　佐川ケネス
ハワイ出身の日系3世。バークレー大学大学院で日本政治史を専攻した後、同大学博士課程にすすむ。博士論文執筆のため、来日。日米会話学院で30年、某有名女子大学で25年の長きにわたり教鞭をとる。執筆も多数。

1日1分レッスン！　新 TOEIC TEST　英単語、これだけ　完結編

一〇〇字書評

切　り　取　り　線

購買動機（新聞、雑誌名を記入するか、あるいは○をつけてください）
□ （　　　　　　　　　　　　　）の広告を見て
□ （　　　　　　　　　　　　　）の書評を見て
□ 知人のすすめで　　　　□ タイトルに惹かれて
□ カバーがよかったから　□ 内容が面白そうだから
□ 好きな作家だから　　　□ 好きな分野の本だから

●最近、最も感銘を受けた作品名をお書きください

●あなたのお好きな作家名をお書きください

●その他、ご要望がありましたらお書きください

住所	〒				
氏名			職業		年齢
新刊情報等のパソコンメール配信を希望する・しない		Eメール	※携帯には配信できません		

あなたにお願い

この本の感想を、編集部までお寄せいただけたらありがたく存じます。今後の企画の参考にさせていただきます。Eメールでも結構です。

いただいた「一〇〇字書評」は、新聞・雑誌等に紹介させていただくことがあります。その場合はお礼として特製図書カードを差し上げます。

前ページの原稿用紙に書評をお書きの上、切り取り、左記までお送り下さい。宛先の住所は不要です。

なお、ご記入いただいたお名前、ご住所等は、書評紹介の事前了解、謝礼のお届けのためだけに利用し、そのほかの目的のために利用することはありません。

〒一〇一―八七〇一
祥伝社黄金文庫編集長　吉田浩行
☎〇三（三二六五）二〇八四
ohgon@shodensha.co.jp
祥伝社ホームページの「ブックレビュー」
http://www.shodensha.co.jp/
bookreview/
からも、書けるようになりました。

祥伝社黄金文庫 創刊のことば

「小さくとも輝く知性」――祥伝社黄金文庫はいつの時代にあっても、きらりと光る個性を主張していきます。

真に人間的な価値とは何か、を求めるノン・ブックシリーズの子どもとしてスタートした祥伝社文庫ノンフィクションは、創刊15年を機に、祥伝社黄金文庫として新たな出発をいたします。「豊かで深い知恵と勇気」「大いなる人生の楽しみ」を追求するのが新シリーズの目的です。小さい身なりでも堂々と前進していきます。

黄金文庫をご愛読いただき、ご意見ご希望を編集部までお寄せくださいますよう、お願いいたします。

平成12年(2000年) 2月1日　　　　祥伝社黄金文庫　編集部

１日１分レッスン！ 新 TOEIC TEST 英単語、これだけ 完結編

平成23年3月20日　初版第1刷発行

著　者　　中村　澄子
発行者　　竹内　和芳
発行所　　祥　伝　社
　　　　　東京都千代田区神田神保町3-6-5
　　　　　九段尚学ビル　〒101-8701
　　　　　☎ 03 (3265) 2081 (販売部)
　　　　　☎ 03 (3265) 2084 (編集部)
　　　　　☎ 03 (3265) 3622 (業務部)
印刷所　　萩　原　印　刷
製本所　　ナショナル製本

造本には十分注意しておりますが、万一、落丁、乱丁などの不良品がありましたら、「業務部」あてにお送り下さい。送料小社負担にてお取り替えいたします。

Printed in Japan
©2011, Sumiko Nakamura

ISBN978-4-396-31540-5 C0182
祥伝社のホームページ・http://www.shodensha.co.jp/

祥伝社黄金文庫

中村澄子　1日1分レッスン！ 新TOEIC®Test 英単語 これだけ セカンド・ステージ

本当に出る単語を、さらに360集めました。「最小にして最強の単語本」待望の中級編です。

中村澄子　1日1分レッスン！ 新TOEIC®Test

時間のないあなたに、おすすめします。最新の出題傾向がわかる最強の問題集です。

中村澄子　1日1分レッスン！ 新TOEIC®Test 千本ノック！2

カリスマ講師・中村澄子が出題傾向を徹底分析。解いた数だけ点数アップする即効問題、厳選150問。

中村澄子　1日1分レッスン！ 新TOEIC®TEST 千本ノック！3

中村澄子　新TOEIC®テスト スコアアップ135のヒント

最強のTOEICテスト攻略法。基本から直前・当日対策まで、最も効率的な勉強法はコレだ！

石田 健　1日1分！ 英字新聞

超人気メルマガが本になった！"生きた英語"はこれで完璧。最新英単語と文法が身につく。

石田 健　1日1分！ 英字新聞エクスプレス

通勤、通学、休み時間、ちょっとした合間に。これ1冊で「生きた英語」の英単語、文法、リスニングもOK！

祥伝社黄金文庫

中村澄子 1日1分レッスン！ TOEIC Test

力をつけたい人はもう始めている！ 噂のメルマガが本になった！ 短期間で点数アップ！

中村澄子 1日1分レッスン！ TOEIC Test〈パワーアップ編〉

「試験開始！」その直前まで手放せない。最小にして最強の参考書、今年も出ました！ 新テストに対応。

中村澄子 1日1分レッスン！ TOEIC Test 英単語、これだけ

出ない単語は載せません。耳からも学べる、最小にして最強の単語集。1冊丸ごとダウンロードできます。

中村澄子 1日1分レッスン！ TOEIC Test〈ステップアップ編〉

高得点者続出！ 目標スコア別、最小の努力で最大の効果。音声ダウンロードもできます。

中村澄子 1日1分レッスン！ 新TOEIC®Test

最小、最強、そして最新！ 受験生必携のベストセラーが生まれ変わりました。1冊丸ごと音声ダウンロード可。

中村澄子 1日1分レッスン！ 新TOEIC®Test 千本ノック！

難問、良問、頻出、基本、すべてあります。カリスマ講師が最新の出題傾向から厳選した172問。

祥伝社黄金文庫

シグリッド・H・塩谷
アメリカの子供はどう英語を覚えるか

アメリカ人の子供も英語を間違えながら覚えていく。子供に戻った気分で、気楽にどうぞ。

志緒野マリ
たった3ヵ月で英語の達人

留学経験なし、英語専攻でもなし。たった3ヵ月の受験勉強で通訳ガイドになった著者の体験的速習法。

斎藤兆史
日本人に一番合った英語学習法

話せない、読めないと英語に悩む現代人が手本とすべき、先人たちの「学びの知恵」を探る!

荒井弥栄
ビジネスで信頼されるファーストクラスの英会話

元JAL国際線CAの人気講師が、ネイティブにも通用するワンランク上の「英語」をレッスン!

晴山陽一
即効!ビジネス英単語たった300

1日10題!クイズを問くだけでわずか1カ月でビジネスに必要な英単語が身につく最高率の問題集!

デイビッド・セイン
ネイティブとつながるTwitter英語

Twitterは最高のテキスト。よく使われるフレーズを覚えて英語でつぶやけばみるみる実力アップ!